U0839450

重庆广播电视大学垫江分校拥有本书著作权，系其“电商物流学院”建设阶段性成果

重庆工信职业学院高级讲师廖权昌、重庆科技学院副教授罗慧英主编了本书

新媒体运营导论

XINMEITI YUNYING DAOLUN

重庆广播电视大学垫江分校　主编

云南大学出版社
YUNNAN UNIVERSITY PRESS

图书在版编目（CIP）数据

新媒体运营导论 / 重庆广播电视大学垫江分校主编
. 一 昆明 : 云南大学出版社, 2022
ISBN 978-7-5482-4619-0

Ⅰ. ①新… Ⅱ. ①重… Ⅲ. ①传播媒介一运营管理
Ⅳ. ①G206.2

中国版本图书馆CIP数据核字(2022)第050342号

策划编辑：陈　曦
责任编辑：严永欢
封面设计：刘　雨

新媒体运营导论

XINMEITI YUNYING DAOLUN

重庆广播电视大学垫江分校　主编

出版发行：云南大学出版社
印　　装：昆明瑆煋印务有限公司
开　　本：787mm×1092mm　1/16
印　　张：6.75
字　　数：134千
版　　次：2022年6月第1版
印　　次：2022年6月第1次印刷
书　　号：ISBN 978-7-5482-4619-0
定　　价：38.00元

社　　址：昆明市翠湖北路2号云南大学英华园内
邮　　编：650091
电　　话：（0871）65031070　65033244　65031071
网　　址：http://www. ynup. com
E-mail：market@ynup. com

若发现本书有印装质量问题，请与印厂联系调换，联系电话：0871-64167045。

前 言

在互联网、人工智能、大数据、云计算、物联网、虚拟现实等新一代信息技术的推动下，一众新媒体工具如雨后春笋般涌现，并且朝着智能化趋势演进，呈现出万物皆媒、人机共生、场景匹配、智能推介、自我进化等特征，这让过去以人为主导媒体世界变得异彩纷呈。可以说，在当前这个大数据智能化时代，智能化机器及一切智能终端都被媒体化，不断带来新的变量关系及其新的连接模式，与之适配的媒体内容和运营服务都在动态升级，不仅模糊了传统媒体边界，还重构出新的媒体业务模式，重塑了新时代的媒体运行格局。

重庆广播电视大学垫江分校是重庆开放大学（其前身为重庆广播电视大学）体系 2019 年第一批特色学院立项建设单位，拟试点共建“电商物流学院”。在建设过程中，学校围绕现代电子商务、快递运营管理两个特色专业开展了大量工作，本书就是其中的阶段性成果之一。本书的教材编写始于 2019 年下半年，垫江分校邀请了一批专家学者充实试点建设项目的智库团队及特色专业的校外师资力量，并在研讨过程中确立了本书的编写计划。2020 年上半年形成初稿之后，便首先作为非学历继续教育及社会培训资料使用，经过修改完善后，确定作为垫江分校的特色教材予以正式出版。

在编写过程中，本书力求“简、新、实”，相信您打开本书的时候便可以直观地感受到这些特点。

首先，本书从职业教育类型特色的内在逻辑及教学要求出发，在内容上避免面面俱到的介绍，尽量在有限的篇幅内简洁明快且高效地阐释新媒体运营的理论与实操，为学生提供一个既简单又系统的新媒体运营内容的全貌，以便学生从整体上全面审视有关概念和内涵。本书将新媒体技术的发展与学生的素质素养有机统一到教材内容中，有效地帮助学生掌握新媒体理论基础知识和相关技能。

其次，本书从读者普遍的阅读习惯及更易于读者接受的设计出发，在形式上一改之前开放教育、成人教育教材呆板的情况，尽量呈现一些新要素。在每一章均设计了本章导读、本章关键词、本章知识结构、问题引入等，清晰直观地展示接下来的主要内容和逻辑，并且每一章中根据不同需要以旁白的形式给出若干个有针对性的场景式问题，引导读者深入思考有关话题。

最后，本书从开放教育应培养“实用”人才的理念出发，在编写思路上尽量遵循“学以致用”的原则，为学习者提供一本实用的技能学习和操作手册。所以，本书避免相关书籍商业化气息比较浓的情况，主要集中于新媒体运营、社群运营、微信运营实战、直播带货、新媒体文案等内容，都是当前需要掌握的实实在在的技能，并且按照“实用、便捷、有趣”的原则予以呈现。

受重庆广播电视大学垫江分校委托，本书由重庆工信职业学院高级讲师廖权昌、重庆科技学院副教授罗慧英任主编。廖权昌统筹本书内容、体例和风格设计，撰写了第一章新媒体概述、第二章新媒体运营、第六章新媒体文案；罗慧英撰写了第三章社群运营、第四章微信运营实战、第五章直播带货。两位主编在重庆广播电视大学垫江分校提出的总体要求的基础上，结合多年专业及课程建设的丰富经验，确立了写作计划、风格体例、内容框架、撰写思路等，并交叉完成了最后的审阅定稿工作。

如前所述，本书的初衷是为开放教育、成人教育各专业提供一本有关新媒体运营的通识课程读本，也可以作为新媒体运营管理课程的简明教材使用，还可以作为职业技能培训参考资料或相关从业者的实用手册。事实上，只要你对新媒体运营有兴趣，都会从中有所收获。当然，本书的写作与出版得到了诸多朋友的支持，在此致以诚挚的谢意！在写作过程中，我们参阅了不少文献资料，在此一并表示感谢！当然，所有文责自负。

本书主编

二〇二二年三月

目 录
contents

第一章　新媒体概述

生活中没有什么可怕的东西，只有需要理解的东西。

——居里夫人

在如今这个物联网、人工智能、云空间等新兴技术高度发达的时代，新媒体依靠现代技术，以一种新的媒体形态应运而生。新媒体作为一种新的传播信息的载体，载体性、全时性、交互性、数据化、个性化、智能化是它的特征。它不仅对传统媒体产生了很大的冲击，也为其他行业提供了新的营销平台。新媒体为企业提供了多渠道、多模式的运营方式，可以帮助企业快速建立品牌优势，增强运营效果。本章将对新媒体的概念、特征、类型和发展趋势等进行简要介绍，帮助读者全方位地认识和了解新媒体。

新媒体；组织架构；类型；特征；发展趋势

- 新媒体的概念及组织架构：认识新媒体的基本概念、内部构成要素和组织框架
- 新媒体的内涵及特征：理解新媒体的内涵和特征
- 新媒体的类型及趋势：了解新媒体的类型和发展趋势

你认为表 1 - 1 中哪些是新媒体？在你认为是新媒体的选项后打钩。

表1－1　新媒体类型辨析

类　型	是/否	类　型	是/否
门户网站		手机短信	
电子邮件		专业论坛	
个人博客		手机杀毒软件	
微博		个人微信朋友圈	
微信公众号		手机新闻客户端	

表1－1中所示的类型都可以叫新媒体。新媒体是一个相对的概念。目前我们所说的新媒体形态包括手机网络媒体、手机媒体、数字电视等，如果我们回顾新媒体的历史发展过程，可以清晰地看出新媒体的形态是如何伴随着媒体的发生和社会的发展而不断发生变化的。

1.1　新媒体的概念及组织架构

◎请思考，新媒体是什么？它包含什么内容？

概念是人类思维活动中最重要的角色，就像匍匐在历史庙堂之前的龟趺一样，驮负着一个个文明的里程碑。人类用它和别的逻辑角色一起，在自己的精神大厦中，创作并上演了一幕幕自然科学和社会科学的戏剧。那什么是新媒体呢？是以数字形式或者在网络上播放的电视节目吗？是利用3D和数字技术制作的电影吗？互联网、手机、计算机游戏、DVD和虚拟现实，这些都是新媒体吗？

1.1.1　新媒体的基本概念

新媒体（new media）这一基本概念于1967年问世，是由美国哥伦比亚广播电视网（CBS）技术研究所的所长戈尔德马克（P. Goldmark）首先正式提出的。在认识新媒体这一新兴事物上，人们的理解并不相同。有学者从狭义上理解新媒体，可以将新媒体看作继报纸、广播、电视等传统媒体之后，随着媒体的发展与变化而产生的一种媒体形态，如互联网媒体、数字电视、移动电视、手机媒体等。有学者从广义上理解新媒体，将新媒体视作以各种数字通信技术和物联网技术为支撑，借助互联网、宽带局域网和无线通信网等通道，利用手机、计算机和智能电视等各种终端，向使用的客户提供信息、交流及服务的传播形态。目前，新媒体发展迅猛，正在成为主流媒体。在清华大学熊澄宇教授看来，新媒体是一个相对的概念，“新”是相对“旧”而言的。广播相对传统报纸是一种新媒体，有线电视相对广播是一种新媒体，网络相对有线电视也是一种新媒体。在媒体发生和发展的历史过程中，我们能够看出新媒体是伴随着媒体发生和发展在不断变化的。美国的列夫·曼诺维奇（Lev Manovic）认为：“新媒体将不再是任何一种特殊意义的媒体，而不过是一种与传统媒体形式没有相关性的一组数字信息，但这些信息可以根据需要以相应的媒体形式展示出来。”可以肯定的是，在一定的时间段内，新媒体的内涵有其相对的稳定性，如从印刷媒体到电子媒体再到数字媒体。

还有一些学者对新媒体的定义进行了详细归纳，大致可以划分为“传承论”“相对论”“凡数字论”“互联论”“规模论”“媒体定义回归论”“多维论”与“一言难尽论”。

“传承论”把新媒体对象放置在整个现代人类社会的媒体发展历史进程中去进行界定，它从唯物辩证法的角度出发，认为新媒体是脱胎于旧媒体，它从概念到实体，都不是自主地、孤立地出现并存在的。每一种新媒体都把原先那种旧媒体作为自己的主要内容和“踏板”，都在很大程度上直接影响着原先的媒介形式地发展变化，并以其自身独有的特色改变信息传播模式。这种观点为进一步认清新媒体诞生的社会背景和技术背景提供了思维方向。

“相对论”是从字源分析角度来理解新媒体，其认为“新”一般用来描述那些与旧的、落后的不同的事物，它们通常是最新出现的和更先进的。“相对论”认为新媒体是媒体发展的延续和传播的进化，是属于历史的产物。在这种观念下，“新媒体”可以理解为新产生的、在设施或技术上不同于传统的媒体形式，是媒体发展到一定阶段创生出来的媒体存在方式。

“凡数字论”是从技术领域来理解新媒体，注重运用数字技术，突出新兴技术变革而带来的巨大变化和影响，符合美国著名传播学家丹尼斯·麦奎尔的观点：“真正的‘传播革命’所要求的，不只是信息传播方式的改变或者受众注意力在不同媒介之间分布上的变迁，其最直接的驱动力，一如既往，是技术。”目前，数字信息技术、网络传播技术、移动通信技术以及现代卫星技术的相互融合为新媒体的发展提供了技术依托，能够最大限度地使信息交流及时、有效、快捷，满足受众日益扩张的立体动态需求，增强信息的绩效和长期生命力。

“互联论”强调新媒体能够实现以互联为基础的、多对多的信息传播，充分体现其交互特征。在新媒体平台上，每个用户都是传播主体，都可以无障碍交流，实现自由互动、无界限传播的互联互通状态。这是体现新媒体不同于传统媒体的最显著的地方。新媒体引发媒介生态变革，就是以互联为发端的，并不特指以某种方式或手段传播。但是因为大众都这么认为，也只好将错就错了。这种论断回归至媒体最原始的定义，为人们理解新媒体提供了另外一条思考之路。

“规模论”是在“媒体定义回归论”的基础上产生的，该理论认为“媒体定义回归论”强调媒体的定义应是“大众传播”，而一种传播形态能够达到大众传播的规模时，就成为新媒体。

“媒体定义回归论”是从媒体定义本身的角度进行阐释的，该理论认为新媒体应该重新定义为新的社会大众传播机构。约翰·费斯克认为：“媒介是一种能使传播活动得以发生的中介性公共机构，具体点说，媒体就是拓展传播渠道、扩大传播范围或提高传播速度的大众传播机构。”

“多维论”与“一言难尽论”认为，新媒体的定义有广义上的、狭义上的，应该从多角度、多方面综合地考量……一言难尽，即以目前的情况是很难给新媒体下确切的定义的，还需要进行系统地研究。

◎不难看出，给“新媒体”下定义是一个非常复杂的系统工程。

笔者认为新媒体的含义要比以上提到的复杂得多，需要从多角度、多层面出发，综合考虑不同应用领域，还要紧跟现代网络信息技术与新媒体的发展速度。综合各家之言，笔者将新媒体定义为：新媒体是利用数字技术、物联网技术、通信技术，以互联网、无线通信网、卫星等为传输渠道，再加上计算机、手机、智能电视等终端设备，达到满足用户信息储存要求、信息沟通要求以及信息传播要求的新型传播形态与媒体形态。新媒体是不同于传统媒体的，是在报刊、广播、电视等传统媒体之后产生和发展起来的新型的媒体形态。

1.1.2　新媒体的构成要素

不管大众如何定义新媒体，通过认识不同的有关于“新媒体”概念的界定及“新”“旧”媒体之间的区别，可以肯定的是：新媒体是相对于传统的媒介形态而言的，并且其媒介形态会随着社会的发展、技术的变革、媒介的不断融合等原因产生变化，获得延展。虽然我们目前还不能将“新媒体”的定义进行统一的界定，但是厘清其构成要素相对比较容易。

新媒体是建立在数字技术和网络技术之上的。新媒体是以数字技术和计算机信息处理技术为基础的，将互联网、卫星、移动通信等作为新媒体运作平台，通过有线或无线通道的传送方式大范围地进行传播，比如门户网站、手机媒体、智能电视、电子报纸等。就像传统媒体是工业社会的产物一样，新媒体则是现代信息社会的产物。

新媒体在信息的呈现方式上表现为多媒体。新媒体在信息传播的呈现形式上融合了声音、文字、图形、影像等多种媒介形态。

新媒体的信息传播不再是单向的，它实现了跨地点、跨时空的信息传播，打破了时空界限，满足不同用户的不同需求。

新媒体具有全天候和全覆盖的特征。受众接收新媒体信息，大多不受时间、地点的制约，受众可以随时通过新媒体在电子信息覆盖的地方，接收地球上任何一个角落的信息。

新媒体在商业模式上的创新性。新媒体拥有技术平台和媒体机构的双重身份，它在技术、运营、产品和服务等商业模式上具有创新性。其在高新科技平台的支持下，不断丰富和创新商业模式，从而帮助新媒体的运营。

◎学习了这一节，你对新媒体有什么认识呢？不妨写出来与大家分享一下吧。

新媒体的边界模糊呈现出媒介融合的趋势。新媒体最大的特征是以技术化为基础的各种媒介形态之间的融合与创新，如手机电视、网络电视等，通常具有互动性。新媒体的边界正在模糊，很多称谓出现相互重叠的状况，包括网络媒体：门户网站、论坛；数字媒体：数字广播、互动电视、智能电视；无线移动媒体：手机电视、手机游戏等。

新媒体与传统媒体之间的关系绝不是对立的，传统媒体可以凭借新型信息技术转型成新媒体。

1.2 新媒体的内涵及特征

1.2.1 新媒体的内涵

对于“新媒体”概念的界定，学术界一直没有统一的定论，就如新闻学界对“新闻定义”的百家争鸣一样。“新媒体”难以界定的具体原因在于“新媒体”这一概念及其现象的存在可以从不同角度和层面进行区分对待。新媒体是一个内涵复杂的概念，但是其内涵可以从以下三个关键词体现出来。

1. 形态多样

形态多样意味着打破单一的媒体形态而具有多种多样的媒体形态。在互联网带来的媒体融合时代，新媒体形态层出不穷：博客、微博、微信、维基百科、移动电视、SNS等。传播呈现出“一对一”“多对多”的互动格局。受众不再是“大众”，而是被“再部落化”，形成了许许多多受传者群落的“碎片”和“圈子”。在新的传播生态下，想要有效地传播，首先需要解决信息的“触及率”问题。多样化的媒体形态能极大地拓展传播“阵地”，最大限度地实现“有人民的地方，就应该有党的声音；人在哪里，阵地就应拓展到哪里”的传播理想。

2. 手段先进

目前，按照新媒体的发展趋势，其身上担负了“壮大主流思想舆论”的责任，为了完成这个历史任务，就必然要做到手段先进。新媒体要创新并使用先进技术，只有顺应传播移动化、个性化、社交化、定制化的趋势，综合运用新型信息技术，做到手段先进，做到先入为主，让受众改变信息感觉比例或知觉形式，才可以达到占据“主流”地位的目的。

3. 具有竞争力

竞争力是媒体实力的综合体现，主要表现在传播力、公信力、影响力等方面。传播力解决的是“传而不通”的问题，只有做到媒体形态的多样化与手段先进，才能保证信息“传递到户”，打通信息传播的最后一米；公信力解决的是“通而不信”的问题，只有信息真实、客观、公正、权威，才能获得信息接受者的信任；影响力解决的是“信而不行”的问题，具有影响力的媒体传播的信息会对信息接受者在认知、倾向、意见、态度以及行为方面产生重要影响。在这“三力”基础上构建的竞争力最终会确立新媒体的主流地位。

1.2.2　新媒体的特征

1. 交互性

新媒体最本质的特征是交互性。交互性主要有两层意思：一是信息是以双向的形式传输的；二是信息控制权是传播者和接受者双方都具有的。传统媒体时代，仅支持“点对面”的信息传播方式，人们只能单向地发布或接收信息，这对于信息反馈十分不便；新媒体则支持“点对点”“点对面”以及“面对面”等多种形式的传播。伴随着新兴媒介技术的推陈出新，用户获取和传播信息变得更加便利。新媒体信息的传播速度非常快，只要新媒体运营人员发布了信息，用户就可以实时接收到信息。一方面，用户不仅可以用智能手机或者平板电脑等智能终端在微博、微信等新媒体上快速获取各类新闻信息，提高自己对社会环境的认知；另一方面，用户通过这个新兴的社交网络，还可以直接对新闻信息发表个人的观点和评价，参与到事件的讨论当中，行使公民的言论权利，而不再是传统大众传媒环境下单向的信息接受者，这也是新媒体最大的特色。新媒体实现了传播者和接受者角色的自由切换，将传播者的权威拉下神坛，使传播模式逐渐转变为“以受众为中心”。新媒体的交互性增强了传播者和接受者双方的交流互动，改变了以往双方交流信息失衡的关系。

◎在新媒体时代，用户既是信息的传播者又是信息的接受者，可以更自由地进行信息的交流与互动。

2. 多元化

在大众传播时代，报纸、广播、电视等传统大众媒体作为主流的信息传播媒介，受众使用它们的机会和可能性较小，受众通常是单向地接收信息，大众传媒以传播者的形态自居。然而，新媒体的出现打破了这种局面。在新媒体时代，用户不仅可以在社交网络上获取各种新闻消息，例如，微博用户可以通过关注社会热点等了解时下的热门话题，而且还可以在社交应用上发表自己的观点、想法，分享自己的所得感悟。用户一改过去单一的信息接收角色，具有了传播者和接受者的双重身份，这使得传播者的形态从传统大众传媒走入寻常百姓家，传播主体变得更加多元化。此外，传播主体的多元化也带来了传播者主体地位的弱化与泛化，新媒体使传播者与受众之间的界限变得模糊，两者之间的身份可以随时相互转化：受众接收到传播者的信息后，可以利用新媒体及时对消息进行转发，进而转化为新的传播者；原来的传播者通过类似的形式接收到其他传播者转来的信息，进而转化为新的受众，使传播者与接受者之间形成循环互动。

3. 共享性

互联网将全球的计算机连接起来，从而形成一个巨大无比的数据库。新媒体在此基础上利用通信卫星和全球联网的网络进行传输，完全打破了有线网络的限制和国家、地理区域的限制，使网络传播的新闻信息实现全球共享，人们办公和交流也可以不再局限于家中、办公室、教室和某一固定场所。网络媒体空间上的开放性导致了网络传播地域上的全球覆盖及信息的海量存储。互联网技术的发展使人类“地球村”的梦想成为现实。人们可以通过网络在地球上的任何地方随时随地将自己的文章、图片、视频等发表到网络上，不受地域限制。世界上任何角落、任何地方发生的任何事情，任何国家的任何用户只要具备上网条件，就可以随时接收到信息。

4. 多媒体组合运用

报纸通过纸质媒介利用文字和图片传递新闻，广播以声音发送信息，电视借助声画播放节目。网络媒体则兼容了文字、图片、声音、动画、影像等多种传播手段保存信息、表现信息、发送信息。由于运用了综合处理文字、图片、声音和图像的多媒体技术，网络媒体将传统媒体的长处集于一身，对于用户来说，信息最终以何种媒体形式出现，是文字、图片、声音还是图像，完全由用户根据信息的内容、自己的爱好以及接收条件自行决定。网络传播的多媒体特点最大限度地实现了各种传播形式的“兼容并包”，丰富了新闻传播的手段。受众也有了众多的自由选择，他们可以根据自己的喜好选择有字无声、有声有像、图文并茂等多种形式，使各种感官得以充分调动。

5. 个性化

传统大众传媒环境下，受众往往是匿名的、广泛的群体，传统媒体对受众进行单向度的“同质化传播”。传播节目内容试图涵盖所有受众，但实际上受众的个人需求并未得到有效满足。然而，在新媒体时代，信息内容多样化使得受众的细分化趋势加深，受众的地位与个性凸显。新媒体能够为不同的受众群体提供多样化的内容，受众可以自主选择内容和服务。与此同时，网络市场上的公司、服务商也开始进一步对受众进行细分，向不同属性的群体分别提供不同的个性化产品和服务，为受众异质化传播提供了可能，提高了传播的专业性、精准度和有效性。在受众主导传播的局面下，受众有更大的选择权、更高的自由度，新媒体更加注重用户的个性化体验，有利于满足受众的需求。

6. 虚拟性

新媒体的虚拟性包括信息本身和传播关系两方面。首先，信息本身是虚拟的，它以比特（0 或 1）的排列组合来呈现。利用各种软件，人们可以制作出逼真的虚拟信息，例如，电影特效、数字动画、Flash 游戏等，甚至可以模拟虚拟人类。2001 年，英国推出全球第一位虚拟主持人阿娜诺娃（Ana nova），她 24 小时提供不间断的、全球范围内的新闻播报，引发了全世界的关注。其次，传播关系的虚拟性。现实生活中的人际传播是人与人面对面的沟通和交流。在传统媒体环境中，受众十分清楚信息的来源，因为传播者是明确的。而在新媒体环境下，传、受双方角色不但可以转换，还可以是虚拟的，因此双方的信息交流往往建立在未知的基础上，自然，建立在未知交流上的人际关系也具有虚拟性。在新媒体时代，这种虚拟交往极大地改变了传统的人际交往模式，引发了一系列新问题。

1.3　新媒体的类型及趋势

在新媒体不断快速发展的背景下，人们可以获取新闻信息的渠道越来越多，范围也越来越广。同时，人们不再只是被动地接受新闻，而是可以成为新闻的生产者和发布者，这样不仅能够满足人们对新闻信息的个性化需求，而且还能够推动新媒体的可持续发展。

1.3.1 新媒体的类型

新媒体在多媒体、物联网和卫星通信技术的基础上，逐渐向全媒体化、泛在化和智能化的方向快速发展。结合上文中所提到的新媒体的本质特征，从网络信号接收终端的角度，可将新媒体的类型大致划分为以下三大部分。

1. 电脑媒体

◎软件系统包括操作系统和应用软件。硬件系统包括硬盘、主板、内存、CPU中央处理器、光驱、显示器、键盘和鼠标等。

电脑媒体主要由台式电脑、笔记本电脑和平板电脑三个部分组成。台式电脑是一种独立的、各自分离的计算机，由软件系统和硬件系统组装而成。从1994年中国获准加入互联网以来，我国普通民众最初的上网设备就是台式电脑。但是由于技术的快速发展，用户需求的增多，台式电脑由于自身的固有缺陷，致使互联网用户转而投向笔记本电脑和平板电脑。笔记本电脑与台式电脑有着类似的结构和功能，但具有台式电脑没有的小型化、低耗能、易携带的特征，这也是其最大优势所在。在与前面两者功能基本相同的前提下，平板电脑在性能和便捷上则更胜一筹。平板电脑与笔记本电脑相比较，它是以触摸屏作为基本的输入设备，没有键盘、鼠标，而是用手指进行全部操作，例如，用手指书写文字和缩放图案。更值得一提的是，它小小的“身体”集商业、通信及娱乐于一体，只要有网络的地方都可以使用，便携性和灵活性极高。从用户上网终端设备的使用趋势来看，整个电脑媒体呈现不断下降的势头。个人电脑媒体互联网最基础的应用是实时通信、搜索引擎、社交媒体及网络新闻，其多样化、个性化的精准服务极大地满足了现代人的各种需求。根据软件的垂直性、通用性以及不同软件的传输特性，中国互联网络信息中心将即时通信软件分为四大类：综合类、跨网络、跨平台及垂直即时通信工具，其功能不仅是作为聊天工具，而是集交流、娱乐、商务等为一体的综合性信息服务平台，并且其性能还在不断地随着时代的发展向外延伸。在电脑媒体各类型搜索引擎中，综合搜索的渗透率最高，其次是视频网站搜索、购物网站搜索、新闻网站和地图搜索，它们占据网民搜索行为的60%以上。网络新闻是以网络为载体的新闻，它以多媒体形式给予用户立体化、层次化的感观体验，它突破传统新闻发布主体的局限，使普通民众均有机会成为“新闻人”，它是对传统新闻概念的彻底颠覆，使新闻信息传播实现双向化，它顺应了时代发展的潮流，将新闻业务推向更深层次的发展。社交媒体是电脑媒体最热门的应用媒体之一，它不止于传播信息，更是一个创造与交流的工具和平台。它基于web 2.0模式，由用户主导而生成内容。用户因兴趣、倾向、需要、思想、信息等自觉自愿地进入一定的社交群体，将其纳入现实生活中，扩展其生活的场域。现阶段的社交媒体主要有各级各类社交网站、网络论坛、虚拟社区、QQ、微博、微信、博客、播客、陌陌等，种类繁多，形式多样，并处于不断推陈出新中。除了这四种基础应用之外，电子支付、网上购物、网上外卖服务、在线旅行预订等的用户规模也在持续增长，相关行业发展迅速。

2. 智能手机媒体

智能手机媒体是借助手机进行信息传播的工具。随着通信技术（如5G）、计算机技术的发展与普及，手机媒体成为网络媒体的延伸。从1973年世界上第一部移动手机发明至今，手机的功能已由最初单一的语音通信迅速发展到以语音通信和手机短信为基础功能，以接入无线互联网为入口、综合语音视频聊天、手机新闻、手机购物、搜索引擎、手机游戏等多媒体信息处理业务为主体的综合性功能。对于手机媒体的发展趋势，有学者却认为，尽管新技术的狂热崇拜者及追随者们坚信手机电视是新技术催生下的又一颗金蛋，但手机电视受到受众心理、内容和媒介繁荣的制约，因此手机媒体有可能是技术高地的漩涡。有学者认为，现在也许还没有人认为手机报纸的用户会赶上或超过报纸网络版或印刷版的读者数量。但是，手机报纸确实为想得到新闻、又忙于行路的公众提供了便捷享受快乐的方式。

◎智能手机媒体是指具有独立的操作系统及运行空间，通过接入无线网络，以手机为视听终端，来传输文字、音频及视频等媒体内容的便携式信息传播媒介。

智能手机媒体具有智能性、融合性、可扩展性、开放性和移动性的特点，它极其便捷的操作方法、极其便利的使用场合、极具人性化的界面设计、极其强大的第三方应用软件极大地满足了不同用户的个性化使用需求，贴合用户的使用习惯，为人类的生活提供了前所未有的方便，已然成为人们日常生活的必需品。智能手机媒体应用形态分为四大类：一是社交类应用，主要包括微博、微信、论坛、贴吧、QQ等；二是商业类应用，主要包括手机支付和手机购物，例如支付宝；三是生活类应用，主要包括搜索引擎、手机新闻、手机阅读、手机报、手机广播等；四是娱乐类应用，主要包括手机游戏、手机电影、手机电视、手机文学等。社交化是智能手机媒体最重要的应用特性，商业化是智能手机媒体发展最迅速的应用特性，生活化是智能手机媒体最基本的应用特性，娱乐化是智能手机媒体的发展趋势之一。

3. 智能电视媒体

◎《中怡康智能电视监测报告》调查数据显示，2013年被公认为全球智能电视的发展元年，在这一年，中国智能电视渗透率达到55.6%。

智能电视指以电视机为接收终端，通过互联网连接，具有CPU和独立的操作系统等计算机本质特征，用户可根据自身需求安装和卸载软件，具备全开放式应用平台和新闻阅读、视频播放、游戏娱乐、网络教育、视频聊天、电子商务等多项服务功能，能给用户带来人机交互、多屏互动、用户专属的定制化、网络化、智能化的新型电视产品的总称。作为一种新兴媒体，智能电视媒体的迅速发展是人们所始料未及的，它具有覆盖面广、反应迅速的特点，除了传统媒体的宣传和欣赏功能外，还具备城市应急信息发布的功能。

人工智能使电视机具有人的特征，具备听、说、看和自主分析的能力，不仅能根据人的指令完成操作任务，还能分析不同用户不同的兴趣和需求，从而为用户推荐更精准的电视内容。智能电视的多屏互动功能使电视可与基于不同操作系统上的不同智能终端设备，主要是与手机、PAD和电脑之间进行音频、视频和图片等内容的交互传输、切换和展示，也就是实现不同网络信号接收终端屏幕上的资源共享，让用户享受更加便捷和丰富的多媒体生活。相较于智能手机媒体和电脑媒体，智能电视媒体作为第三种信息访问终端，它实际上就是一个拥有更大屏幕和更好音效的平板电脑，是三网融合的重要载体，是网络电视发展的新阶段。智能电视的快速兴起意味着互联网终端融合的趋势进一步升级，意味着各种网络信号接收终端的边界逐渐模糊，意味着新兴媒体对用户更深的关切。

1.3.2　新媒体的发展趋势

1. 数字媒体时代到来

据统计数据可知，2019 年中国信息通信技术发展速度非常快，早已超越全球平均水平，中国成为全球进步最快的 10 个国家之一。数字媒体的飞速发展促进了中国信息网络技术的成长，我们国家建设网络强国的步伐越来越快，围绕《中国制造 2025》，推动互联网和数字技术与经济社会融合发展。在数字媒体时代，“用户”作为传播对象的一个关键概念早已显现了它内在的时代性。新媒体更多考虑在内容和品牌的影响力下，吸引更多用户参与和体验各种服务，使注意力时代向体验经济时代发生转变。只有当企业提供体验的信息时，信息才真正创造经济价值。体验经济是使每个人能以个性化的方式参与消费，在消费过程中产生情绪、体力、心理、智力、精神等方面的满足，并产生预期或更为美好的感觉。体验是使每个人以个性化的方式参与其中的服务。个性化的服务将会给用户一种积极的体验。新媒体硬、软件技术日新月异的发展为信息供需方的双向互动提供了越来越大的可能性。随着 QQ、微博、微信等众多新媒体形态的繁衍，新闻受众的主动性大大增强，大众传播向“小众化”演变。信息传播日益从传统媒体时代的“一点对多点”变为“多点对多点”，新媒体发展跨入数字媒体时代。

◎“用户”具有自主性、互动性、个人性、参与创造性等强烈而鲜明的特征。

2. 智能互联加速前进

媒体和人工智能技术的结合已经由早期的概念进入产品形态，智能推荐、语音识别、智能传感器等技术的应用正在重塑新闻生产和传输的各个环节，智能移动互联网正在蓄势待发。传统媒体在技术的冲击下已经面临很多的挑战：纸媒的重组、区域媒体整合都将在未来上演。新媒体在与传统媒体的共存发展过程中，会保有新时代的思维，以移动和智能优先，以生产高质量内容的作品为目标。在未来的融合发展过程中，必然会确定一些评估指标和体系，这也正是新媒体所需要的。

3. 内容付费成为赢利热点

随着新媒体融合深入的发展，带动了内容的创新发展，优质的原创内容是赢得网络流量的唯一途径。“内容为王”将真正成为新媒体的生命之源。新媒体内容的真实、深度变得越来越重要，内容的价值不容忽视，“流量”时代逐渐被“内容”所取代。新媒体最终追求的是利用内容付费进行流量变现，新媒体最关注的是如何“圈粉”，从拍摄内容的选择、标题的拟定，到整体的排版、视频的运用等，调动各种手段以达到目的。最典型的就是我们最关注的抖音，一些“官方号”的入驻，产生了非常不错的影响力。在“后真相”时代，呈现客观事实、深度信息的报道显得格外珍贵。在新媒体产品领域亦是如此，内容的价值更加重要。随着内容付费领域的不断拓展，知识 IP 和知识领袖不断涌现，短视频和音频将成为内容付费行业的主要产品形式。然而，如何确保知识付费产品的高打开率，将成为一个重要问题。内容付费也成为将中华优秀传统文化创造性输出的一个新方式。

4. 传播形式更显多样化

◎除了本文已提出的新媒体发展趋势，你觉得新媒体的发展趋势还有哪些呢？

新媒体在整个媒体行业中所占据的地位，使得其能够发挥出的作用和价值越来越高。在当前快速发展演变的网络时代，催生了新媒体的出现，这在一定程度上突破了传统媒体的某些局限，促使新闻在传播过程中更加灵活，而且还能够以各种不同类型的方式进行传播。首先，在新媒体的发展背景下，新闻在传播过程中并不只是单纯地以文字的形式来进行传播，而是可以在其中适当增加一些图片、视频等。这样不仅能够促使新闻的内容更加丰富，而且还能够促使新媒体背景下的新闻实现多样化的发展。其次，由于受到新媒体发展的影响，手机或电脑等一些移动终端逐渐成为人们在日常生活中快速获取信息的有效途径。通过这种途径，可以促使新闻在传播过程中的形式具有多样化的特征。除此之外，在新闻内容的生产和制作过程中，不需要全部依赖于记者这一个主体。由于网络的开放性，大众也可以成为新闻的发布者。这样不仅能够从根本上满足现代人在日常生活中对各种不同类型新闻的个性化需求，而且还能够推动媒体行业的发展。

5. 社交化产品成为新势力

据中国数字产业数据，2020 年中国社交零售用户规模达 5.73 亿人。随着微信生态功能的持续完善，电商各平台的激烈角逐，电商的社交化成为当前的热点。拼多多、小红书、有赞、云集等的社交电商模式非常有效地解决了传统电商获取流量难的问题，该模式通过充分挖掘用户个体和社群价值，以信任和人脉为核心，有效地进行商品和平台推广。未来，新媒体依旧充满着无限可能，所涉及的方面将会继续涵盖人们衣食住行的方方面面。

第二章　新媒体运营

广告实质上是披着神秘化外衣的神秘化。

——杰克逊·李尔斯

当今人类社会的工作、学习、生活和交通等的传统常规模式因信息技术的高速发展而获得极大的改变，同时新媒体的出现对企业运营模式也产生了冲击与影响。现如今，不少企业都在尝试通过新媒体进行各方面的运营活动，从而实现本企业产品的有效推广和形成庞大的用户群体。因此，新媒体运营应运而生。本章将对新媒体运营的相关基础知识进行讲解，对新媒体运营的整体路径和细节脉络等展开研究，开启传递新媒体运营知识以及引领读者思考之路。

新媒体运营概念；运营策略；运营能力；运营思维

- 了解新媒体运营：新媒体运营的概念，发展历史，经典模块解析
- 运营新媒体运营策略：定位策略、吸粉策略、品牌策略
- 掌握新媒体运营能力：热点选择能力、用户洞察能力、文案编辑能力、资源整合能力
- 拥有新媒体运营思维：连接思维、社交思维、故事思维、热点思维

当今社会，新媒体运营俨然已经成为一种热门的趋势与潮流。绝大多数企业处于“跟风”的漩涡之中，他们不甘于放弃新媒体的推广能力，但是却没有从真正意义上掌握新媒体运营的精髓。因此，如何充分利用新媒体展开运营活动，最大化地发挥其作用，在实现信息传递的同时，吸引用户关注，形成庞大的用户群体，成为各企业所关注的重点。

◎思考：

1. 新媒体运营是什么？
2. 故宫博物院深受大众青睐的原因是什么？
3. 在新媒体运营过程中运营人员应具备何种能力和采用何种策略？

文化产业的发展和新媒体时代的到来打破了人们眼中关于博物馆的刻板印象。如今，在人们眼中博物馆不再是传统的和严肃的，而是有趣的和优美的。2010 年的 3 月，故宫官方的新浪微博首次开通，现如今微博粉丝数已经超过 400 万。2011 年 1 月，故宫的官方微信公众号“微故宫”在微信上线。在官方 app 方面，故宫先后发布了多款独具特色的数字产品，如广受好评的《胤禛美人图》《韩熙载夜宴图》《故宫展览》等。2015 年，故宫周边文化创意产品的销售金额高达 10 亿元。同时，故宫在淘宝购物网上创立的“故宫微淘”和“故宫博物院文创旗舰店”两大销售店铺为故宫博物院的销售额添砖加瓦，也成了故宫文化创意的展示窗口。

通过线上互动与线下活动全方位地有机结合，故宫逐渐形成了以新媒体为沟通桥梁的良性互动体系。故宫相关联的文化创意产品口碑的上升直接拉动了经济效益。一方面，故宫线上支线囊括了微博、微信、app 和淘宝店铺等新媒体平台，充分利用各个平台实现持续发展。故宫微博话题注重时效性强和灵活度高的临时性话题，如“爱上紫禁城”“故宫新事不落幕”“让我们一起来读日历”“故宫陶瓷馆”等一系列与故宫文化相关的话题，并通过相应的拨人心弦的文字和优美的图片来增加每一个用户的共鸣。与此同时，故宫的微博话题注重文案的遣词造句和专业水平，细心甄选文字。在“爱上这座城”的系列微博话题中，故宫的新媒体运营团队会在每一篇相关的微博中发布很多城市的风景图片和优美的文字。这些照片深得用户喜欢，倾向于在欣赏的同时下载图片作为自己的手机和电脑壁纸，隐形地增强了用户的黏性。相较于官方微博，故宫对微信公众号的运营更加注重服务性。“微故宫”一共包含了三个板块，即看一看、逛一逛和聚一聚。其中，“看一看”板块负责向用户介绍故宫咨询、故宫展览和系列活动讲座；“逛一逛”则包括了参观服务、全景故宫、故宫文创馆、故宫微店等子栏目；“聚一聚”中设置了签到板块，增加用户黏性。另一方面，故宫的新媒体运营团队也实施不同的线下互动活动。不同的活动面向的群体也有所不同，其中有面向成年人的“故宫讲坛”和“紫禁城的瑞雪”等摄影抽奖活动，也有面向青少年的“故宫知识讲堂”等文化知识讲解活动。除了不同系列活动的有效开展，故宫的新媒体运营团队还成立专属的粉丝团“紫薇星系”，粉丝团不仅承担着宣传和保护故宫的义务，也享受着制定故宫各类活动的权利。

新媒体技术的高速发展使得各类博物院可以借助各类平台发挥自身的文化教育职能。

2.1 新媒体运营简述

2.1.1 新媒体运营的概念解析

1. 新媒体运营与营销的差别

从字面上看，新媒体运营与新媒体营销仅仅是一词之差，但是二者却有着明显的区别。首先，导向不同，运营多重导向，营销多重结果。新媒体运营和营销二者的效果评判标准不同，营销工作以营销结果为直接评判对象，而运营更加注重评判标准的多样化，范围更广，包括了结果数据、用户数据、短期指标和长期指标等。其次，思维差异，细节是运营的关键，策略是营销的基础。新媒体运营的关键是把控细节。在新媒体运营的具体过程中，顶层设计的有效实现需要细心严谨地处理大量的工作环节。例如，运营者忘记在海报上添加二维码或者网址写错等问题都会导致运营效果不佳。而营销更加重视策略的顶层设计，出色的营销策略是营销成功的前提条件。具体开展营销活动的地点选择处于新媒体营销策划活动的关键性位置，因此相关的营销人员必须充分分析和掌握不同新媒体营销平台的特征和风格，从而结合自身企业的具体需要和平台特征展开相应的营销策划活动，最终实现自身营销效益的提升。最后，侧重不同，运营向内，营销向外。新媒体运用倾向于内部工作。作为一名专业的新媒体运营工作者，其日常工作包括账号管理、数据分析、内容推送、网络调研等。相较于新媒体运营，新媒体营销侧重于向外的工作。营销工作者需要与用户打交道，满足用户需求并达成营销目标。因此，新媒体营销工作者需要围绕着营销活动进行定期的用户分析与跟进、产品策划等工作。

2. 新媒体运营是什么？

◎你如何理解新媒体运营？

在互联网生态环境的背景下，为了谋求自身生存和实现利益，新媒体运营应运而生。新媒体运营将用户的体验和需求作为核心，研发具有用户体验的互联网相关产品或服务，并以此将用户数量最大化，且保持后续用户的活跃性，最终通过海量的活跃用户达到各种收入的实现。同时，新媒体的产生需要新的媒介形式作为载体，无论是网络新媒体、移动新媒体、数字新媒体、新型电视媒体还是其他新媒体种类，都需要具体的产品承接形式。新媒体运营是指：无论是以“三微一端”的微博、微信、微视频和客户端为主流的产品形态，还是以知乎、豆瓣、简书等自媒体为代表的新兴媒体，在这些平台上进行品牌推广、产品营销、信息新闻资讯传播的运营方式。

运营人员通过对事件与热点的深度挖掘，或通过策划与自身品牌有关的出色的线上传播内容和各种活动，以用户运营、内容运营、活动运营、产品运营等方式进行大范围的资讯传播或者精准的内容推送，提高内容或活动的曝光度和粉丝的参与度，进而充分借助粉丝经济实现自身营销的目的。简言之，互联网时代的新媒体运营指的是新媒体实体组织为自身生存和发展需求而进行的市场化商业运营活动。

2.1.2　新媒体运营的发展进程

新媒体运营是大众与互联网相连接的中介，因此其发展也随着互联网产品的更新和用户的喜好而变化。新媒体运营从萌芽到成熟，共经历了四个阶段。虽然每个阶段都涉及用户、产品、活动和内容，但是每个阶段的侧重点有所不同。

1. 用户运营主导时期（2000 年以前）

21 世纪以前，中国处于互联网发展的萌芽阶段，网民数量不多。因此，处于野蛮生产阶段的互联网企业将用户作为自身发展的核心，不断挖掘用户需求，尝试通过新创意和新产品“抢”到用户，从而实现本企业的快速成长。后来，成长为巨头的互联网公司围绕着用户需求抢占先机，它们都成为互联网领域的“第一批”。例如，有针对用户聊天需求的 QQ、针对用户搜索需求的百度搜索和针对用户看新闻需求的新浪网等互联网产品。在这一时期，新媒体运营的主要工作是随时与用户沟通产品体验并不断调整产品。

2. 产品运营主导时期（2000—2005 年）

在这一阶段，互联网进入发展期。此时各个互联网公司不再将寻找和满足用户需求作为第一目标，而是将改进原有产品作为重点，更加看重公司产品的优化与延展。他们在原有产品的基础上衍生出相应的产品模块，形成完整的产品运营图景。例如，腾讯在 QQ 的基础上推出了 QQ 秀、QQ 游戏、QQ 空间等一系列与 QQ 相关的产品模块；百度在文字搜索的基础上加入了图片搜索、百度贴吧等产品模块。这些产品模块的增加，使得原有的互联网产品得到优化，吸引了更多用户。处于这一时期的新媒体运营者主要是开展产品研发、需求反馈、产品优化与延展等一系列与产品运营相关的工作。

3. 活动运营主导时期（2005—2012 年）

2005 年起，我国互联网公司同质化竞争开始激烈化，大量同领域竞争的网站功能相似、页面相仿的网站涌入互联网。例如，在票务预订领域，2005 年 5 月“去哪儿”网站上线，2006 年 10 月“途牛”旅行网创办。这些定位相同、用户群体一致、风格类似的网站给互联网公司造成了一定的竞争压力。因此，很多互联网公司和网站必须尝试通过形式多样的活动进行品牌推广和用户激活，从而打败竞争对手，占领用户市场。在这一过程中，新媒体运营的重点工作是设计各种创意活动、确保活动的执行、监督活动效果，获取用户和网站流量。

4. 内容运营主导时期（2012—2018 年）

互联网时代的到来，使得智能手机逐渐进入网民们的视野，网上浏览新闻和聊天已经成为生活日常。由于网民浏览手机的时间和精力有限，如何抓住用户注意力和吸引用户停留成为新媒体运营的重中之重。因此，内容运营也成为这一时期的重点。为了在纷繁复杂的文章、图片、视频中成为佼佼者，新媒体运营者需要花费时间和精力分析用户喜好、撰写夺人眼球的文章标题、设计走心的内容、优美的图片，借此达到更好的运营效果。例如，2018 年初，网易云音乐推出了“2017 年度听歌报告”功能，以图文、音乐结合的形式总结用户的全年听歌数据，为每一位用户生成一份独一无二的年度听歌报告，让用户感受到了温暖。

报告中列出用户的年度单曲循环歌曲，深夜里喜欢听的歌曲，耳朵旅行过的国家和地区，被遗忘的最爱歌曲等一系列听歌数据。将简单的听歌数据转换成“遇见时光里的自己”“音乐是时光的礼物，陪我们走过不寻常的岁月”以及“那些迷茫的、欢乐的、沮丧的都组成了最独特的你”等走心的文字、全彩绘制听歌场景图，网易云音乐年度听歌报告的内容呈现形式获得用户的点赞和主动传播。

2.1.3　新媒体运营的经典模块

新媒体的崛起制造了大量互联网运营人才的就业机会，新媒体运营岗位也从早期的模糊，发展到了现在的岗位设置和要求都逐渐明晰。

新媒体运营的经典模块共包含了四个模块，即产品运营、内容运营、活动运营和用户运营，其中每一个模块都在新媒体运营过程中发挥着独特的作用。

◎在接触新媒体运营工作之前，工作者必须关注三个问题：
第一，本公司的新媒体运营都有哪些模块?
第二，自己的岗位属于公司新媒体运营中的哪一个模块?
第三，该模块需要具备何种能力?

1. 产品运营：新媒体运营的基础

严格意义上，产品运营有广义和狭义之分。从狭义上来讲，产品运营是指企业的互联网产品运营，包括企业手机软件设计与开发、企业网站运营与调试等；广义上的产品运营是指可以将新媒体运营过程中涉及的账号、平台、活动等项目看作产品，进行策划、运营与调试。例如，可以将一个微信公众号看作一件产品。在开通后，运营者需要对其进行产品调试、前期设计（头像设计、简介设计、选题设计）、上线调试（撰写文章并测试数据）、正式发布等产品运营工作。

◎课堂讨论：
某企业的线上主营业务是果干零售，对于该企业新媒体部门而言，是否应该在本企业的网络平台上发布相应文章、视频、图片等推广自身产品？具体怎么操作？

2. 内容运营：新媒体运营的纽带

内容运营在新媒体运营中扮演着纽带的角色，它连接用户与产品。因此，新媒体运营者要重视内容的定位、策划和宣传，并借助于差异化的内容、走心的内容和良好的内容传播手段来实现用户的增长。就新媒体运营而言，内容运营指的是新媒体运营者借助各种新媒体渠道，利用文字、照片或视频等各种方式将企业相关信息有效地呈现在用户面前，并激起用户参加、共享和传播的完整运营过程。因此，内容运营工作是指在拥有产品或者资讯的前提下，进行内容选题、内容策划、内容创意、内容编辑与排版、内容推送等与内容创造、搬运、整合相关的工作。

◎课堂讨论：
新媒体部门计划在下一年四月完成两项重点工作，推广新产品和促销旧产品。假如由你来设计此次活动，以下哪些主体是与整体运营规划相关的？
A. 夏季摄影比赛活动
B. 新产品猜名活动
C. 萌宠大比拼活动
D. 新产品赠礼活动
E. 老产品打折活动

3. 活动运营：新媒体运营的方式

活动运营一般是指以产品特点和对产品人群画像的分析为基础，通过创意传播或者奖品奖励的形式，带有明确的动机去策划相关的活动，其目的是实现用户新增、品牌曝光和产品售卖等。理解活动运营，重点是理解目标、系列、完整三个关键词。其一，活动运营必须紧密围绕着企业目标；其二，活动与活动之间要有衔接，成系列化；其三，完整的活动运营应包含三大阶段，即策划阶段、执行阶段和收尾阶段。

实战演练
某款商业性电脑的新媒体运营团队在进行线上推广时，加入了几十个大学生微信群，通过在群里发红包、发邀请函、赠耳机等形式，鼓励大学生关注企业微信公众号。
请分析：
大学生用户是该新媒体运营团队的目标用户吗？

4. 用户运营：新媒体运营的关键

用户运营就是围绕用户进行有关拉新、留存、促活和转化的运营动作。简单来讲，就是在用户的注册、使用、活跃与付费的相关重要节点上，通过各种运营手段，进行用户的开源和节流。无论是研发产品、策划活动，还是推送内容，都需要围绕用户展开有针对性的活动。因此，新媒体运营需要进行用户日常管理，吸引新用户关注，减少老用户的流失，同时采取一定的方式激活沉寂用户。

2.2 新媒体运营策略

2.2.1 定位策略

随着移动互联网和移动客户端的快速发展，新媒体已经逐渐融入现代人们日常生活的方方面面。在新媒体运营平台的协助下，企业也完全可以便捷地实现自我品牌的宣传。“凡事预则立，不预则废”，新媒体平台运营最大的忌讳是大而全，因此明确企业定位是新媒体运营首要且关键的一步。明确定位营销策略在企业新媒体平台运营过程中的有效运用主要可以从以下两个方面入手。

一方面，新媒体运营者需要充分明确本企业的品牌战略定位。品牌定位仍然是最先需要企业解决的一个问题，只有明确了企业品牌定位之后，才能为进行后续企业新媒体项目运营的相关内容的开发奠定指导性的方向。品牌的定位在于解决以下几个关键问题：（1）你的品牌是用来做什么的？能够帮你的客户做什么？进而确定之后的工作内容。内容综合策划师需要根据整个品牌平台上的品牌整体性质、粉丝消费群体文化特点、当下品牌行业发展热点话题等来做一些具体相应的品牌内容综合策划，要能与所有品牌粉丝产生共鸣。一个新兴的内容品牌，消费者大多数时候不太会直接感受到该内容品牌或者其优质内容的力量，他们更多的是被好的品牌内容的力量所吸引，好的内容品牌、优质的内容能产生好的品牌流量，流量互动能带来一种品牌互动，通过这些给所有品牌消费者留下一个好的深刻印象，久而久之就逐渐强化了好的内容品牌。（2）和其他行业竞争对手相比，我们公司有什么样的服务优势？具体行业品牌市场落实即是通过市场进行自己行业具体差异化品牌市场竞争，通过对市场所有品牌进行优势综合分析，进行自己行业具体差异化品牌产品功能定位，最终对自己具体品牌的用户进行自己产品的具体功能定位，落实我们目前能给所有行业用户提供的持续免费的产品内容。

另一方面，新媒体运营者需要清楚本公司的用户定位。用户群体定位首先就是要分清楚我们所要面对的到底是哪些目标人群，他们的使用行为和产品属性到底是什么。做好目标用户群体定位，是我们确定网站内容发展方向的一个重要前提。因此，需要我们对目标用户进行仔细“画像”，即仔细分析目标用户的具体年龄、性别、城市、职业、收入、兴趣爱好、性格取向等等。只有清晰掌握自己企业的“用户画像”，才能够知道他们到底喜欢什么，什么样的用户活动方式可以直接打动他们，什么样的文章内容可以直接说到他们的心坎里。如果你每次写的都是他喜欢的，他甚至会把你的这篇文章全部转发到他的朋友圈，并在你的这篇文章下面进行评论，他很可能还会在每次跟别人聊到相关话题的时候推荐你的公众号。

2.2.2 吸粉策略

新媒体时代，坐拥海量的用户规模是产品实现商业变现，进一步获取高收入的根本来源。新媒体运营者要开发能满足一定时期用户真实的体验需求，并能吸引海量用户的产品。因此，新媒体运营者如何将用户价值转化为商业收入，如何获取用户，且维系用户黏性就显得格外重要。新媒体运营的吸粉策略可以分为以下几步。

第一，利用“免费试用”，聚集基础规模用户。新媒体公司想要获取盈利的首要目标是拥有大量的粉丝也就是其用户，而获取利益的核心是实现用户数量的规模化。这就要求新媒体公司在发展初期不以盈利为根本目的，而是站在用户的立场上，着眼于怎样的产品可以更好地吸引用户和服务用户。以曹操出行为例，其上线较长时间内的运营方式仍然是两边补贴的方式，同时补贴给司机和乘客，其根本目的是吸引更多的用户，同时增加用户黏性。

第二，细化吸粉策略，构建富有黏性的活跃用户。首先，利用“社交化”构建有来有往。作为标配策略之一，社交化产品打造了有温度的用户关系连接，它将分散的“碎片化”用户“聚沙成塔”，使之形成兴趣爱好相似的社群。例如，腾讯的 QQ 和微信是一个天然的强社交关系产品，用户对 QQ 和微信产品的黏度很高，因而其活跃用户规模庞大，达到数亿。其次，利用“个性化”构建精准推荐。通过社交化建立的社群需要社交成员的个性化表达来保障社群的活跃度，因而个性化的资讯、视频等个性化产品才能有利于打造有温度的用户关系连接。新媒体运营者可以基于大数据技术的“个性化”精准推荐产品，通过给用户进行准确的个性化“画像”等方式，真正了解自己产品的用户的属性和特征。例如，淘宝将用户的注册信息、浏览商品路径、收藏夹的商品和已购买的商品等数据汇聚成巨大的数据库资源，精准分析后，了解用户的喜好需求并进行精准匹配，将商品推送到用户淘宝界面。再次，利用“服务化”构建用户体验。“服务化”既是打造黏性化的活跃用户规模的重要法则，也是进一步探索产品增值服务收费的重要策略。运营者可以通过优化客服和会员制、积分制、粉丝制等方式吸引住用户。最后，利用“活动化”构建优惠推广。在特殊节假日，开展产品的用户优惠推广活动是我国互联网产品短期内直接培育规模用户的最常见的方式，典型的如电商媒体创造性策划的“双十一”活动。当然，大型优惠推广活动的背后需要强大的资本实力作为支撑，有阿里和腾讯的实力资本支持，滴滴出行的用户规模和活跃度才得以快速积累起来。

第三，培养用户忠诚度以留存用户。新媒体运营者要巧妙地运用各种技巧来增加与用户的互动，在此基础上，听取并收集用户意见。同时，运营者要洞悉用户需求，精准识别网民对网络的基本需求，即获取信息、休闲娱乐、沟通交流和实用服务。在发现用户的真实需求后，未来的产品设计必须先要确定如何以更好的产品提供新功能以满足用户的真实需求。除了精准识别用户需求，运营者还需要举办各种活动来提升用户活跃度和增加用户黏性，常见的有线上抽奖、游戏、征文等，线下聚会、旅游等。

2.2.3 品牌策略

在这个信息时代，消费者或者媒体用户几乎可以直接通过移动互联网轻松地发现一个品牌力量，再通过集体重新定义和真正诠释一个媒体品牌。我们建设媒体品牌的一个主动性就在于真正深入地理解每一个用户的品牌价值，并通过赋予一个产品以相应的品牌建设来获得更多品牌价值的构建发展空间。因此，新媒体成功塑造品牌的关键就在于将一种用户互动体验真正根植于一个品牌的核心价值观中。互联网公司要想正确且成功地建设自己的品牌，可以从以下四个方面加以构建。

第一，品牌定位。品牌概念是抽象的、主观的，是特定品牌消费者对特定品牌产品的一种品牌需求或者感受。而对特定品牌内容进行形式定位艺术设计就是以特定消费品牌的主要产品内容及其内在形式上的定位关系为主要理论出发点，推动一个消费品牌在特定的现有品牌消费者的品牌群体心中始终能够占有一席之地，其主要工作目的也就是对现有消费品牌特定产品的内容进行品牌传播，从而最终达到能够让特定品牌消费者更加容易认可本身的品牌产品。在对特定品牌内容进行形式定位艺术设计的理论中，最基本的特定品牌心理概念也就是“人类需求”，这包含两个方面的基本含义：一方面，品牌只有始终满足特定品牌消费者的特定品牌的心理本质需求，才有可能一直占据现有消费者特定品牌的心智；另一方面，品牌只有不断发展变化，以适应特定品牌消费者心理本质需求，才有可能一直保持在特定现有消费者心中的市场主导地位。

第二，品牌外部要素。品牌外部要素包括显性外部要素和隐性外部要素。品牌显性外部要素常泛指其他消费者很容易直接看到、听到的外部信息要素，例如，它的品牌注册商标、产品品牌外包装、广告语、产品品牌口号等。与此相应的，品牌隐性外部要素则通常需要消费者用心体会，隐性外部要素一般包含于整个品牌之中，无法通过视觉感官直接认知。这些隐性外部要素一般是在品牌与其消费者长期的直接与间接的互动中逐渐发展形成的，例如，品牌内涵、品牌文化、品牌历史等。新媒体品牌运营的团队成员可以通过运用统一的、系统的、简单易记的各种视觉传达符号，如标准品牌形象名称、标准品牌颜色、标志等，传达一个企业的整体经营发展理念与品牌形象。

第三，品牌传播。品牌文化传播的中心在于如何通过向不同地域的消费者和群体进行品牌传播，从而提升一个品牌的国际知名度、影响力和提高该品牌在广大消费者心中的市场口碑和品牌认知度，最终实现以品牌促进产品销售的重要目标。实现品牌化的传播是一种具体的、积极的传播行动，需要充分借助网络广告、公关、新闻、微博等各种传播技术手段。在移动互联网经济时代，传播技术和设备相比以往实现了超越性的巨大进步，品牌化的传播方式也逐步进入了新的技术发展阶段。

第四，品牌延伸。我们所谓的企业品牌上的延伸，就是指企业把已成熟的、具有比较高信誉度和国际知名度的企业品牌形象迁移到新的品牌产品或者新的品牌服务上，从而有效地使新的品牌产品和服务能够迅速且成功地挤进消费市场，获得广大消费者的认可。由于符合企业长期保持快速发展、规避短期经营风险、寻找新的市场利润点和增长点等战略需要，企业往往会积极地对其进行企业品牌上的延伸，从而有效地推动新品牌产品快速进入新消费市场，维系消费者对品牌的忠诚度，简化新产品的前期市场营销导入和推广计划，增强企业品牌形象。

2.3　新媒体运营能力

随着新媒体的不断发展，现如今，越来越多的人选择从事新媒体运营工作。可见，新媒体的发展前景不可估量。但是，新媒体运营至今还是一个新兴事物，大多数人对于新媒体运营所需要掌握的能力还不太熟悉。在目前的新媒体生态环境下，新媒体运营者应具备热点选择能力、用户洞察能力、文案编辑能力和资源整合能力。本节将针对这些能力要求进行具体介绍。

2.3.1　热点选择能力

不同于电视、报纸等传统媒体的受众，新媒体的受众以年轻人居多。因此，新媒体运营者必须随时关注热点并及时跟进。高质量的热点选题和内容选择会使新媒体运营工作更加顺畅，也会避免用户产生审美疲劳，因为各类网络用户在其群体中最感兴趣的热门话题并不是完全一致的，所以这些新媒体网络运营者通常需要同时具备“网感”这一类的能力，才可以迅速捕捉网络大众最感兴趣的信息交汇点。确切地说，就是每天从这些海量网络信息中捕捉到当前网络媒体舆论的快速发展的大方向，找出一些会迅速引发网络全民广泛讨论的热点信息，然后主动制造和引导热门话题。因此，新媒体网络运营者通常需要主动制造一些热门话题，带动一群新的社交网络媒体与你一起进行互动，共同增长网络人气，把你的影响力直接传给你粉丝的其他粉丝的人际交往朋友圈，形成裂变式传播。

◎随堂练习：
请写出你当前在互联网上最受关注的5件事，并说明关注这些事的理由。

2.3.2 用户洞察能力

新媒体运营的本质是通过各种运营手段来吸引用户，将用户转变为自己的忠实粉丝，因此，用户定位是开展新媒体运营的前提和必备工作。只有充分了解自己的目标用户群体，才能为用户提供他们需要的产品，吸引他们的关注并获得其认可。在这个过程中，运营人员要明确目标用户是谁、目标用户有什么特点，这样才能得到用户的认可，获得更大的竞争优势。有些运营人员对所运营的目标用户不了解，不知道用户的需求，不明白用户想获得的服务，不做用户定位就直接运营，最后发现达不到预期效果或损失惨重，这是非常不可取的。用户定位的首要工作就是了解用户，这主要包括两个方面：一是了解用户的属性，即了解哪些人是自己的目标用户；二是了解用户的行为，即这些目标用户的主要特征是什么。

2.3.3 文案编辑能力

写作能力也是新媒体运营人员不可缺少的一项能力。内容是运营的关键，没有良好的写作能力，写不出能够吸引和打动用户的内容，就会造成资源的浪费。虽然专业新媒体运营团队中已经具备有活动编辑、文案等很多专业的工作岗位，但是专业新媒体团队运营者也仍然需要具备一定的文字表达和具体文案的处理能力。对于专业化的新媒体运营团队的活动运营者而言，他们一定要学会用生动具体的文字来准确地表达自己对具体活动的想法。运营要尽可能地把具体活动的文字措辞描写得更加生活化，让每个用户都尽可能感同身受，这样的内容才是真正好的文字内容。一方面，在撰写方案并与团队沟通时，运营者要能用文字将思路表达清楚；另一方面，面向用户的活动规则、课程大纲等简单文字，一般也会由新媒体运营者直接撰写。

2.3.4 资源整合能力

新媒体运营平台众多，这些平台虽然方便了新媒体运营人员开展运营活动，但也很容易出现资源分散、端口交叉或重叠的问题，如在不同的运营平台中存在同质化的内容，导致运营内容的原创性不足与质量降低，就会给用户带来不佳的感观。新媒体运营人员要了解企业自身的传播渠道和运营模式，积极收集和合理利用网络中的资源（如文章素材、优质合作对象等），进行充分整合后，科学地选择最有利于企业的运营方式，实现企业品牌形象的树立与产品销量的提升。

2.4　新媒体运营思维

新媒体的火爆吸引了越来越多的个人和企业参与其中，新媒体运营的市场竞争也越来越激烈，要想突出重围、获得竞争优势，新媒体运营人员必须在已有的运营方法和经验基础上不断创新思路。只有拥有能够适应不断变化的运营环境的思维，才能更好地打开新的运营通道和市场。在目前的新媒体环境下，新媒体运营的常见思维主要有连接思维、社交思维、故事思维和热点思维，下面分别进行介绍。

2.4.1　连接思维

不同主体之间关系的建构者是媒介的本质，而媒介的本质力量是不同主体之间的连接力。对于一个好的新媒体运营而言，连接是强烈的本质关联。在一个公司产品运营的持续发展过程中，要分析如何使主体需求与主体产生强烈的本质连接，必须首先回到产品用户整体需求本身。

其一，聚焦于碎片化下的用户真实的产品需求。5G 时代让网络电视剧等的碎片化娱乐产品快速成为当前市场上的主流。碎片化的网络时间往往被商业用户赋予一种娱乐性和休闲消遣的重要娱乐功能，因此新媒体产品运营团队在一定程度上应聚焦电视用户对于娱乐性的真实需求和稀缺的电视商业信息。如今很多的产品依托新媒体而产生，如微博和抖音追剧。又如曾经一度热播的电视剧《三十而已》，在微博视频板块能看到每一集的精彩剧情片段。有一项电视研究结果明确指出，目前消费者对网络电视剧的商业信息及其内容的高关注度和强烈兴趣往往取决于 5 秒的网络电视播放时间。因此，电视剧组的产品线和运营管理团队需要迅速准确地获取当前用户的主要娱乐注意力。

其二，精准了解用户真正的痛点。对于一款产品来说，痛点通常是指那些被广泛用户渴望却尚未被完全满足的基础需求，其核心是如何才能实现其与用户精准连接的问题。产品营销的爆款天生就是营销爆款，这不是靠创造力做出来的，而是需要不断去挖掘、发现。移动互联网的安全保障问题一直都是社会大众广泛讨论的热点，在公安部严厉打击查处非法用户安装或者使用针孔数码摄像头的网络新闻事件的背景下，360 手机安全卫士旗下一款偷拍检测软件功能应运而生。通过一系列新媒体式的营销宣传动作之后，央视网等主流网络媒体跟进报道这些偷拍案例，与此同时，产品 logo 在央视主流网络媒体报道中成功对外露出，宣传推广效果不言而喻。360 手机安全卫士在中国安卓手机应用软件商店热度总榜上的排名同比上升 237 名，知乎位居手机应用软件热榜前三，关注热度更一度高达 2000 万。

2.4.2 社交思维

腾讯移动用户体验运营的一个核心问题在于如何让媒体用户自己具有较强的媒体黏性。在微博和微信这样的移动社交网络媒体上，传播的一个关键点就是增加内容的各种社交媒体属性，实现用户的体验分享和提升用户的互动体验。

其一，用户主动积极共享的内容需要涉及足够的社交属性。社交属性是否会提高用户分享的概率，关键取决于新媒体运营的内容是否有质量保障。以 2019 年的短片《啥是佩奇》为例，它是春节动画电影《小猪佩奇过大年》的网络营销短片。短片中描述了一个感人的小故事：住在山村的老人用家用鼓风机自制了一个可爱的小猪佩奇，将其作为送给远在城市的孙子的新年礼物。《啥是佩奇》这一短片实现了佩奇和春节两个超级大 IP 的融合，碰撞出了中国人心中的情感纽带。该故事激发了观众心中的情感共鸣，利于观众转发该短片到自己的朋友圈，从而使该短片的传播有了裂变的动力。《啥是佩奇》短片表达了异乡游子对故乡和家人的思念，很好地呈现了中国传统的家文化和孝文化，因此观众愿意转发这一短片的举动能帮助自身丰富朋友圈形象。正是在感情的驱动下，用户倾向于主动积极地转发此短片，客观上成为电影宣传的隐性主力军。

其二，注重用户体验。5G将彻底打破传统网络信息时空的有限空间阻隔，深刻地改变当今人们对接受各种网络生活信息的各种视觉体验和对于享受网络生活中的信息以及娱乐的各种生活方式。在5G融合网络性能技术的支撑下，虚拟网络增强器和虚拟现实网络技术不断向前演进，普通用户的信息传播应用进程也将会不断加快。线上移动互联用户端的视觉体验将来也不仅仅只是停留于现在线下产品推荐和体验的一种运营管理模式，线上推荐用户端的体验将来也不再仅仅是一种抽象表述，而是普通用户对于自我的一种视觉感知体验以及听觉感知。可以说，新媒体未来的技术发展及其重点不再仅仅是对于网络上的内容和其他信息流的传播，而是对应于大数据和其他移动互联用户端的一种体验。

2.4.3　故事思维

在讲述整个故事具体情境的过程中，氛围的营造功能已经能够直接让更多故事用户快速地进入故事的具体情境中，吸引了更多故事用户的注意力。如今，新媒体电视故事剧情营销的变化趋势越来越明显，包括一些基于传统的电视故事剧情广告也能够越来越多地用于具体呈现这种故事剧情中，运营者利用各种新的故事剧情段子、策划好的故事剧情，持续且快速地吸引更多故事用户的注意力。

其一，故事链接思维在形式上的具体表现主要是运营者通过运用各种文字、图片、视听艺术元素和新媒体技术等来让故事内容链接直抵目标用户。短视频尤其适合用来承载一个故事。不管你是用一种画面形式讲故事，还是用一种语言形式讲故事，用故事思维去架构故事往往能迅速取得很好的网络营销宣传效果。中国五四青年节前夕，B站做了献给当代中国年轻人的一个演讲短视频《后浪》，短时间内的点击量就已经超过2000万。而该短视频中的内容除了有引发公众共鸣的效果外，同时也在中国互联网上迅速引起了强烈的舆论争议，“前浪”“后浪”的相关话题在讨论中也热度空前。这个短视频让B站成功出圈，使其站在了主流的公众视野中。

其二，好的内容也往往需要运用多种方法把它讲好，而好的主题、良好氛围和冲突感的营造往往是主要切入口。好的主题主要指的是一个故事除了达到营销广告目的外，还应是故事本身所必须具备的或者被用户发现的一种主题。这个好的主题往往还具有可以让广大用户产生情感共鸣的特点。冲突感指的是在讲故事的整个过程中可以满足用户对故事情节和剧情的强烈期待，如果故事有出其不意的情节创意，那么其效果就会显得更好。2018 年，“滴滴”发布了一条催人泪下的广告，即《最后一公里》。广告内容讲述了一个真实的事例，一名滴滴打车司机为了给自己女儿赚取治疗费而艰苦奋斗，开启人生后半场的感人故事。人性的温暖在片中得到不断传递，“滴滴”良好的品牌形象也在故事内容讲述的过程中不断得到极大的升华。

2.4.4 热点思维

新媒体活动运营当然离不开好的活动热点运营，而好的活动不能单单满足于各种产品促销或者打折，活动运营的热点思维创新的核心在于与今天时代的发展同步，更多的是与此时此刻同步，这也就是所谓的活动热点运营思维。活动热点运营指的是高活动关注度，它天然就具有联动连接力。活动运营热点思维的创新就是要善于蹭活动热点，也就是要同时善于创新和制造活动热点。

一方面，蹭热点在当前新媒体网络营销传播领域已经成为一个必然的营销选项。而蹭热点又可以分为以下两大类，一类热点是突发性活动热点。运营的关键在于运营者反应迅速，有创造能力，同时也关注热点与自身品牌的直接关联度。另一类热点是可提前预知的活动热点。运营者需要提前做好相关策划、预设活动热点话题和用户参与度。2019 年国庆节前夕，腾讯公司下的新闻和微信客户端合作策划了“迎国庆，换新颜”的运营活动，吸引了广大用户积极参与。这个活动需要用户点击腾讯头条新闻的一个微信链接，即可在微信头像顶部加上一面小小的国旗。在国庆节期间，通过微信头像一点小小的变化为祖国庆生，符合中国人的爱国情怀，所以用户参与度极高。

另一方面，让品牌活动热点变成营销热点，这也是活动热点营销思维的另一种有效的运用。好的品牌事件活动营销和跨界品牌营销往往不可能同时起到有效地制造活动热点的良好效果。近年来，许多民族传统服装品牌都在积极致力于品牌转型升级，塑造新品牌形象，常用的营销手段就是进行跨界品牌联名，在品牌概念上用具有民族传统情结的文化纽带直接关联移动用户。比如，故宫的品牌彩妆、大白兔奶糖品牌的沐浴乳、马应龙口红、人民日报与李宁合作、泸州老窖、品牌香水等等，都已经受到社会大众的广泛青睐，“国潮”已经成为新的时代潮流。

第三章　社群运营

相知无远近，万里尚为邻。

——张九龄

2017年手机社群网络营销技术发展迅速，互联网营销重归传统部落格文化。随着手机社群移动互联网营销生态圈的逐渐形成，传统意义上的社群营销和传统广告传播方式的有效性被大大地削弱了。手机移动万物互联网、社交移动网络逐渐改变了社群游戏的规则，以前那些习惯从家人或社交朋友的渠道快速了解社群产品的品牌和口碑并快速获得使用建议的社群消费者，开始通过查看在线产品评论和通过智能手机等各种移动通信设备对社群产品的整体性能和市场价格数据进行在线比较，并通过手机社交移动网络平台对各种能够选择的产品进行在线讨论。因此，随着手机移动万物互联时代到来，社群的各种功能在不断地发展和延伸，其潜在的市场价值逐渐被人们挖掘出来。在此发展过程中，社群网络运营的概念逐渐进入人们的视野，成为当今自主新媒体电商平台的一种主流运营战略理念。本章将对社群运营的概念、策略和战术等进行详细的讲解，开启传递社群运营知识以及引领读者思考之路。

社群运营概念；社群用户的活跃渠道；社群营销的战术

- 了解社群运营：社群运营的概念；社群的特征；社群的业务范畴

• 获取社群用户的活跃渠道：朋友圈、公众号、垂直社区、垂直社群、线下场景、好友推荐、社群裂变

• 掌握社群营销的战术：界定共同价值观，提升成员认同感，建立社群组织机构，实现成员自制设计社群活动，注重成员参与感，打造成员人人可参与的众筹商业

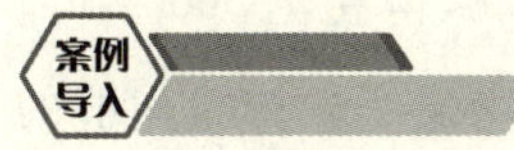

不同移动社群都有其各自的特点，社群媒体运营在不同社群中的实际应用及其效果是不一样的。移动社群媒体所能提供的各种服务及其价值不仅是移动社群全体成员对移动社群媒体形成这种依赖性的一个关键，也是社群媒体营销要优先考虑的一个问题。黎贝卡社群借助移动社交网络媒体，实现了从单一的新浪微博和微信公众号渠道转变为一种多元化的社群传播方式，从移动粉丝群体运营到移动社群媒体运营，从整体内容创造到整体品牌形象输出，充分运用了社群后台所掌握的海量的客户反馈数据，用客户个性化定制的营销手段不断创造新的产品和服务价值，实现了一种立体化的社群营销管理模式，成为中国社群媒体营销的成功典范。

黎贝卡公众号正式创立于2014年10月，因其质量亲民的时尚软文和高标准、高质量的时尚图片，第6篇文章的阅读量迅速达到"10w+"，7个月内就吸引粉丝26万。一周年庆时，就已经有众多国内一线时尚明星在微博为其庆贺。三年内，黎贝卡品牌主理人方夷敏因其在中国时尚界的重大品牌影响力，陆续接受香奈儿、爱马仕等国际知名品牌的邀请首次参加了中国时装周看秀，这也奠定了黎贝卡在中国时尚设计博主行业界遥遥领先的品牌地位。2017年，黎贝卡再次荣登巴黎银行奢侈品部"中国时尚博主"前十，并以年收入5500万位列首位。在中国，广告费、活动费和出场费及其他电商业务收入一直是各位时尚博主消费收入的主要来源，黎贝卡以惊人的文章阅读量和转化覆盖率迅速吸引了社会大众和品牌商家的关注。随着黎贝卡公众号的品牌影响力不断扩大，其幕后的品牌经营管理团队已经从最初的一两个人逐渐发展为20多位既分工明确、各司其职，又都有着极具时

尚设计慧眼的年轻博主队伍。

◎思考：
1. 分析黎贝卡社群营销的关键是什么？
2. 分析黎贝卡社群营销获取高黏度粉丝群体的手段是什么？
3. 讨论零距离的线下线上互动扮演什么样的角色？

黎贝卡微博主理人开博原本是想写文章，用来分享自己丝巾购物的经验心得，为广大朋友们选择和搭配丝巾产品提供参考建议。之后，其微信朋友圈、微博转发量和微博阅读量迅速暴涨，此后通过订阅微信公众号的微博粉丝与日俱增。2016 年黎贝卡的微博再度荣膺中国“最具商业号召力时尚自媒体”，2018 年已经坐拥微博粉丝 500 多万。黎贝卡多次组织开展了各种线上线下运营活动，增强了微博粉丝群的黏性，其软文推广更是迅速引发了一大波的“买买买”热潮。黎贝卡的海量原创微博文章几乎每天都会更新一次，推文通常在晚上十点半前推出，很好地符合当下中国年轻人的日常作息和生活习惯，很多微博粉丝主动表示每晚都会准时“等更新”。黎贝卡的读者绝大部分是 25 ~ 35 岁的热爱生活、有一定工作实力的女性青年。她们经常在商品选择和消费上遇到各种选择困难，急需像黎贝卡那样一个性格开朗又富有耐心的年轻朋友帮她们出谋划策。黎贝卡经常会同时收到很多网友的留言、意见，黎贝卡的用户也经常在黎贝卡的微信后台留言处主动提出自己非常想要“预约”的主题。无论每天的工作多么繁忙，黎贝卡都会主动要求其工作管理团队尽可能地仔细阅读微信后台粉丝的留言并认真回答。用户在看到黎贝卡不断更新的内容后也一定会欣喜激动，情不自禁将其转发到自己的微信或者朋友圈。如今，黎贝卡在运营原有微信公众号的基础上新增了 3 个运营内容各异的微信子账号，形成了集“内容创作”“粉丝经济”“广告推广”和“线下互动”四位一体的矩阵式微信社群运营体系。能拥有如此好的社群营销力和影响力，与黎贝卡运营团队的精耕细作是分不开的。

3.1 社群运营的意蕴解读

3.1.1 社群简介

1. 社群

社群一词主要来源于英文词汇 community。处于不同研究领域中的社群有不同的含义。政治哲学中的社群是指由个人组成的社会群体。

在这个社会群体中的个体与个体之间存在着一定的凝聚力，此外每个个体要承担某种道德上的义务。地理学和社会学中的群体指的是在一定边界、地理区域或者疆域内发生的一切社会关系。但是，互联网经济赋予了社群更加广泛的内涵。处于互联网背景下的社群主要指的是基于相同爱好、特点、属性、需要等聚集起来的一群人。

社群不仅是网民沟通交流的渠道，更是企业开展网络营销的重要方式。作为企业进行网络营销最有效的途径之一，社群缩短了企业与用户之间的距离。移动互联网和新媒体的进化催生了社群这一产物，处于社群中的用户具有交叉的连接关系和较深的情感连接。企业可以充分利用社群培养爱好相同的用户，更好地销售产品和打造品牌。

2. 社群运营

社群运营借助互联网技术搭建社群成员之间的强连接关系，那么社群运营者应关注技术手段和用户客观需求这两者发挥的双重作用，深刻把握社群运营原则和要点，明晰共享的价值观，掌握目标用户群体的定位，增加社群内部的流量，充分利用可用的资源和社会关系，依靠线上线下等多渠道共享有价值的信息，匹配并满足内外部供需，激发社群成员的归属感与认同感，最终实现交易的完成与盈利。

因此，企业借助拥有社会化的用户群体的优势，使客户成为自身品牌的忠实粉丝，最终形成粉丝经济。粉丝群体逐渐转化为关系更为复杂的社群之后，此时的粉丝经济转变为社群经济。基于大数据，社群经济以自媒体和互联网为平台，放手让粉丝去创造、传播和加工信息，无形中强化了粉丝与粉丝之间的黏合度和默契度。社群运营模式是以相同或相似的喜好为基础、以新媒体平台为载体集聚人气、通过企业产品或者服务满足特定群体需要而产生的新型的群体化商业形态。

◎你如何理解社群以及社群运营?

3.1.2　社群的特征

1. 存在感

社群是由多个用户构建的，为了使用户们能够长时间地留存在社群中，必须使用户们在社群中享受到足够的存在感。因为“存在感”恰恰是“新消费者”的主要特点之一。作为现代社群经济的主要参与者——80 后、90 后，他们非常渴望自由表达自己的想法和观点，渴望通过加入到一个组织中并寻找到一种存在感。

2. 介入感

社群用户群体不管是参加线上活动还是线下活动都能增强用户之间的依赖性，同时社群运营者也可以在实施运营过程中对社群用户充分掌控。互动参与是社群运营的主要特征之一，既包括组织与成员之间的互动，也包括成员与成员之间的互动。多向交互的互动活动让社群成员之间的黏性增强，也能提升社群的活跃度。

3. 收获感

社群中用户的收获感绝大部分来自于用户自身和品牌或内容的互动和交往，两者之间良好的互动有利于为内容或服务提供更加广阔的知名度，同时也可以更充分地挖掘其隐形的传播价值。每一个社群成员在社群中既是一个得利者，也是一个共享者。这种分享互利不仅仅是社群用户自发形成的，更应该是社群运营者主动积极设计的专门来带动社群成员的机制。

3.1.3 适合社群的业务

广义上，市场上绝大部分经济业务都适用于利用社群开展网络营销或进行营销探索，但区域性强、回报率高、购买频率高或决策门槛高的业务更加适合采用社群运营。

◎课堂讨论：
分析线下水果销售实体店是否适合利用社群开展营销或进行营销探索？说明理由。

1. 区域性强的业务

区域性强的线下经济业务开展社群网络营销过程中，对营销目标群体的地域属性和人群属性有极高的要求。传统意义上的网络营销手段难以满足此类要求，而以相同区域为基础的社群中的用户画像相似度极高，因此可以满足此类营销需要。

2. 回报率高的业务

社群营销极为注重人力成本的投入，要求每个社群有专门的人员进行社群维护、话题沟通与引导，因此低回报率的业务在支撑社群的长期发展上有一定的难度。

3. 购买频率高的业务

高购买频率以用户的高黏性为基础，而用户的高黏性以产品良好的服务、超高的预期和品牌价值的认同为基础。与此同时，社群能很好地提高用户的黏性和忠诚度，使其逐渐成为一种零成本的营销工具，被大众广泛地应用于各类产品零售行业中。例如，阿里巴巴公司旗下“盒马鲜生”超市的营销人员主动邀请会员入群，定期发布打折产品和促销活动的相关信息，社群成员不仅可以及时掌握超市商品的打折信息，还可以在线下单，送货上门。

4. 决策门槛高的业务

一般情况下，决策门槛高的业务和产品的客单价较高或机会成本高，都会对用户造成较大的影响，意味着用户群体需要获取足够多的资讯或参考较多的成功案例来辅助决策。在拥有优质产品的前提下，社群运营者可以利用社群成员的第三方口碑和用户之间的沟通交流加快用户的决策速度。

3.2　社群的活跃渠道

社群整体营销的第一步，往往是多渠道进行推广以迅速积累大量用户。企业社群全体成员的规模在一定程度上直接决定了企业社群的发展规模和营销发展的新路径。虽然建立社群是中小企业社群营销的一个重要创新推广模式，但是运用起来不容易掌控社群营销的质量，往往推广效果欠佳。有些中小企业把企业微信公众号和微博作为主要的社群营销渠道，与企业官方网站实时同步发布相同的内容，其实这并不容易有效吸引不同消费偏好的粉丝。而企业社群即便已经建立起来，社群内的互动性和活跃性与社群消费数据转化率之间也并不一定能成正比。企业没有优质的社群后台运营管理，因此社群全体成员的消费数据等相关信息难以经过系统地加工和优化整理并有效创造营销价值。此外，大部分中小企业社群营销的盈利点单一，社群消费氛围较差或仅仅不过是热闹一时，难以形成持续有效的市场气候，这就更大地增加了企业社群整体营销的操作难度。

我们可以发现，社群经济如果想真正发挥最大的效用，有三个关键点：首先，企业一定要能拥有独特的、有市场竞争力的、适合社群营销的产品；其次，企业一定要能长期锁定一批批拥有相同喜好和相似消费观的忠实社群消费者；最后，企业一定要建立能够持续自主完成再创造的产品供应链系统。如果没有这种产品、社群粉丝之间的相互信任和互动性消费，社群媒体经济就难以真正形成良性的生态循环。根据社群常见的运营目的，社群的营销价值主要体现在拉新价值、留存价值、促活价值和转化价值四个方面。在做社群营销之前，企业相关的网络社群运营人员首先要明确社群运营的定位和社群价值，紧接着才做扩大社群和增加用户两大工作。常见的增加社群用户渠道主要有微信朋友圈、公众号、垂直媒体社区、垂直社群、现实情境、朋友推荐、让群裂变等。

3.2.1 微信朋友圈

如果企业在进行社群营销之前就已经利用微信进行 CRM 或营销活动，那么可以充分借助朋友圈的优势，完成第一批种子用户的招募。

◎实战演练：
请列出当前你所了解到的五个跟社群营销有关的公众号，并说明理由。

3.2.2 微信公众号

微信公众号与微信社群两者之间是相互补充、相互促进的关系，利用微信社群能增强用户的黏性，同时将公众号的文章发至各个不同的微信社群，可以提高公众号文章的阅读率和转载率。除此之外，企业也可以在微信菜单或者微信公众号文章中增加微信社群的相关说明图片、简短的文字介绍，将公众号用户精准地导入微信社群。

3.2.3 垂直媒体社区

企业的社群运营者可以将营销软文精准发送至用户常逛的网站和论坛，利用软文开展社群用户的招募活动。例如，做护肤类产品可以去小红书网站进行软文营销，IT 互联网知识付费社群可以去知乎等知识网站利用优质的解释进行用户的引流。

3.2.4 垂直社群

社群运营人员应积极地加入一些微信群、微博群、QQ 群等一系列精准社群，从而将这些社群中的用户精准地导入自己的社群中去。在具体的实施过程中，运营者应注意不能一入群就发软文和生硬的广告推广，而是应与社群中的人多交流，通过刷存在感建立起在社群中的地位，以此为之后的引流奠定坚实的基础。例如，在进行高端护肤品的社群营销时，可以加入护肤类社群，然后再导流至微信社群进行相应的产品营销。

3.2.5　现实情境

可见的现实情境更容易建立用户对社群和产品的信任，易于精准地获取目标用户。例如，辅导机构可以派线下营销人员去学校门口进行线下营销活动，引导学生家长加入企业的微信社群。在微信社群中，学生家长可以共同探讨孩子成长问题，通过家长间的交流和企业运营者的营销引导，从而实现较高的转化率。

3.2.6　朋友推荐

基于在做好社群运营能够给社群人员带来可观价值的前提条件下，新用户加入社群的第 8 天，会产生拉朋友进群的需求。因此，对于无用户基础或粉丝基础的企业运营者，在开展社群营销时可以充分利用信任推荐的方法来实现社群成员的拉新。为了更好地激励原有社群用户进行拉新活动，社群运营者可以策划各种拉朋友进群送福利的活动，可以产生很好的效果。

3.2.7　社群裂变

社群成员裂变业务可以直接实现整个社群全体成员的规模指数式快速增长，但真正适合开展社群成员裂变的基础业务有两个重要技术前提：一是整个社群裂变服务的前期边际费用稳定为零；另一个就是整个社群的边际目标用户规模足够大。开展社群成员裂变需要提前准备的主要有：①裂变工具，具有自动建群和引导的功能，主要是用来提高社群裂变的效率。②高转化率的社群海报。社群的裂变海报是能否成功吸引新用户注意力并进群的关键点。高转化率的海报应该具有

◎专家指导
帕森斯的结构功能主义认为："所有的认同都是被建构起来的。"

以下特点：主题受众广、主题有吸引力、描述紧张感、体现高价值、强调权威性。社群裂变实施的具体步骤如下：①用户在各类媒体平台注意到裂变海报的相关信息；②扫描识别海报中的二维码，关注微信公众号；③回复相应的关键词获取群二维码并扫描二维码进群；④社群群主@社群新成员并转发社群的审核说明、转发高质量的文字和海报；⑤裂变。

3.3 社群营销的战术

感情和温度的互动注入，是未来推动企业用户社群发展和新媒体品牌营销的两大主要密码。现如今，企业同质化愈发严重，企业产品和服务之间的差异性越来越小。因此，企业形成竞争砝码和优势的关键在于企业与用户的双向互动和在管理中注入的情感与温度。在企业眼中，用户不是单纯的消费者，更应该是具有鲜明特征的个体和朋友。

3.3.1 界定共同价值观，提升成员认同感

对于一个大型社群来讲，它所需要倡导的社群价值观一定是一个社群的精神灵魂。共同的社群价值观一定是凝聚社群和成员最根本的价值保障。因此，想要运营一个社群，首先一点就是我们要正确界定好一个社群的共同价值观，价值观虽然是一种很抽象的具体东西，但是在运营社群中我们需要通过不同的表达形式把一个社群运营组织的共同价值观充分表达出来，无论是通过各种文字口号还是通过各类宣传活动，都要充分体现一个社群所倡导的社群价值观，不能因为社群价值观的界定而引起社群成员间的流失。一个社群价值观鲜明的大型社群运营组织，其社群和成员间的认同感必然是强有力的。

首先，打造用户的价值观认同。运营者在整个社群营销的开展过程中不可忽视用户价值观的认同，是因为只有社群用户之间相互认同对方的价值理念，才能拉近用户间的距离和进行更深层次的成员沟通和互动。

其次，注重用户的身份认同。社群中的用户与用户在交往的过程中，双方都渴望感受到一种社群归属感，并寻找自己在社群中的存在感。处

于互联网时代和网络社区中的人们，他们倾向于通过各种关键网络社交平台寻求建立一个真实又虚拟的社会关系网络，因此社群运营者要学会抓住这些重点网络社交用户，并加强对用户的管理维护，注重网络社区社交文化的营造。与此同时，良好的社群文化氛围会源源不断地吸引新的用户加入社群，进而实现新老用户之间的互动和交流。

最后，塑造社群文化认同。由于文化社群认同网络系统中的用户类型多种多样，老社群用户和新社群用户的文化关注点和兴趣爱好关注点之间往往会出现一种所谓的文化差异。新社群用户的不断进群，为整个文化社群网络增添了新的艺术文化活力和更多的文化关注点，同时也很有可能为整个文化社群网络带来各种各样的共同话题。但新文化社群认同用户和老文化社群认同用户之间并不是完全处于一种与世隔绝的文化关系认同状态。恰恰相反，新老用户之间很有可能会逐渐产生一种文化思想上激烈的碰撞，拥有共同的社群文化讨论点和共同话题，彼此间逐渐形成共同的文化社群群体、文化认同话题，从而逐渐发展成一定的共同社群文化认同。

3.3.2 健全社群成员组织管理机构，实现社群成员民主自制

社群在群体成立初期，成员数量较少成为一种优势，它为社群本身的管理提供了便利，但是社群的壮大打破了原有的优势。如果此时原有的信息推送已经不能吸引成员的注意力，那么社群就会变成一盘散沙，不利于社群长期良性的发展。因此，社群运营要健全社群成员组织管理机构，实现社群成员的民主自制。

其一，建立相应的社群组织机构。为实现社群的组织化，社群运营者应该在社群内部建立班委组织，指定班长，同时基于城市和兴趣等具体标准进行社群组织内部的再细分。建立社群组织机构很好地加强了运营者对社群的管理，同时也提升了社群成员的组织认同感。

其二，社群运营符合社群主题和成员的需求。社群运营者要根据社群的不同主题和群内群外成员的不同需求，合理规划和运营社群。首先，合理制定社群规则和设置社群管理机构。运营者可以制定合理的筛选规则，严格控制进群门槛，同时设置管理员对社群进行制度化

的管理。其次，划分小组。运营者根据用户所处的地理位置、兴趣爱好等属性进行小组的划分，有利于社群内部的成员产生多维度的交叉联系，增加社群用户的黏性。

◎专家指导
在戈夫曼的“拟剧论”中，他认为社会生活中的每个人都是演员，在社群营销过程中，用户与用户之间都扮演着不同的角色。

3.3.3 组织社群活动，注重成员参与感

作为社群传播的主要特征之一，自发的组织传播是相对于其他组织传播而言的，是个体与个体之间自发组织和合作传播的过程。用户能否主动创造内容和协作生产出独特的共享内容的关键取决于社群是否普及和社群运营管理是否体系化。在社群内部的交互传播中，用户之间分享创意和共享信息，他们既是“生产者”，也是“消费者”。通过让社群成员参与到企业产品和服务的设计中去，企业无形中提高了用户的参与感和归属感，这充分体现了 C2B 的营销理念，即消费者到企业的消费理念。

一方面，设计社群活动以提升社群成员的主动参与感。参与感的提升是推动互联网社群经济中提升社群用户体验黏性的一种方式。小米科技公司高级副总裁黎万强撰写的《参与感》一书中总结了提升参与感的“三三法则”。对于社群运营者来说，同样也需要注重社群群体成员的主动参与感，因此，运营者在一个社群运营中需要通过设计和推出各种各样的社群活动，无论是线上社群活动方式还是线下社群活动，都要让这个社群中的大部分成员主动加入活动，激发他们表达自我的欲望以及对这个社群的认同感。例如，目前互联网上的餐饮品牌伏牛堂正在运营自己的一个社群“霸蛮社”，就是通过线上以及各种线下的社群活动让这个社群群体中的很多成员主动参与到社群的建设活动中，连伏牛堂的社群服务员（内部媒体称为“御林军”）也是通过从霸蛮加盟社这个社群中直接招聘的。

另一方面，积极组织线下活动。线上不管聊得再多再深，毕竟也只是“网友”。所以在合适的时候我们可以在群里提议举办一些线下交流活动，邀请群内所有成员一起参加。这样使整个社群成员之间的各种感情相互聚合，使社群成员更深度地彼此建立相互联系，增加整个社群的用户黏性，这样才能更有效地保证社群的活跃度和延长社群的

生命周期。

3.3.4 打造人人可参与的众筹商业

人类的社会关系可以通过具有互动性的行为方式得到有效建立或者强化。人类社群社会价值的真正实现必须建立在该社群全体成员积极参与各类社群社会活动的基础上。

其一，增加社群变现的渠道。将“粉丝经济”转变成为“社群经济”，社群运营者通过各种活动的开展使得成员的生活理念和方式在潜移默化中发生了改变，进而促进社群品牌的变现。社群经济最大的优势在于，社群内部用户和朋友之间的口碑相传。运营者将每个产品的所有社群组合成为一个共享社群后，用户可以快速地获取产品信息，更快速地与他人共享资源和信息。用户们会因为相同的价值观而成为很好的朋友，从而增加用户对品牌的归属感。用户之间的相互推荐为产品做了隐性的宣传，从而增加社群变现的可能性。

其二，建立成员之间的强连接。“罗辑思维”社群刚正式成立时，社群之间原本是一种弱连接，而一次次高效的社群成员活动使得这种弱小的连接逐渐转化成更为强大的连接。当这些社群成员之间逐渐形成了强大的连接时，社群成员自然会通过开展新的社群活动来不断提高社群的活力，夯实社群成员之间的关系。众筹商业适合应用到社群运营中的原因主要在于它能使社群中的成员自主发起各类项目，而社群成员的众筹能解决项目的资金问题。更重要的是，社群能帮助成员之间实现资源的交换和分享，让社群成员借助社群的力量完成自己的追求。例如，“罗辑思维”在其官方微信公众号平台上设置了专门的社群众筹板块，如果社群成员有优质的项目需要资金支持的话，可以直接通过平台进行相应的众筹活动。

虽然社群经济才崭露头角，但它已经发展成为一种“小而精”的社群经济管理形式。越来越多的社会企业、个体都已经开始积极尝试这种社群经济管理形式，运营属于自己的社群。因此，在社群的整体运营中，运营者应该积极尝试，不断创新，找到一套适合自己社群的整体运营管理模式，从而最终实现自己社群的长远健康发展。

第四章　微信运营实战

社会成员和社会团体因占有不同的位置而获得不同的社会资源和权利。

——皮埃尔·布尔迪厄

在这个碎片化的移动互联网时代，随着营销活动逐步向移动端倾斜，微信作为常用的移动端应用之一，迅速登上了新媒体营销的舞台。而微信用户有数量巨大、用户黏性高、使用频率密集等特点，使其成了个人和企业营销的一大利器，也为开拓新媒体营销市场提供了广阔的空间和可能。本章主要介绍微信运营的规划、推广模式以及微信营销中的误区。

- 了解微信运营总体规划的重要作用
- 掌握微信公众号定位的方法
- 熟悉微信公众号运营的主要工作内容
- 了解微信营销
- 微信营销的误区

4.1　微信运营规划策略

小王通过朋友介绍，进入了一家食品企业做微信运营的工作。虽然这家企业也很想使用好微信这个平台，但是由于老板不懂相关的微信运营工作，所以经常会出现老板想到什么，或者看到别人家有什么，

就要下面的人去做什么，结果造成现在企业微信运营方面的工作混乱。在小王接手后，也同样面临这样的问题，这让小王很头痛。有一天，小王实在没办法了，求助于李经理，问李经理这种情况该怎么办，李经理说：“面对这样的情况，首先你要有一个总体规划设计。也就是说，从全局出发，配合公司的整体发展战略，制订出微信的运营方案，从定位到团队都要有一个详细的规划，这样才能更好地去做接下来的执行工作。”小王点了点头，明白了症结所在，立即开始了微信运营的总体规划工作。

（1）微信运营总体规划是什么？

（2）如果你是小王，你如何进行该公司的运营规划？

（1）微信运营总体规划如何进行？

（2）为什么要进行微信运营总体规划？

微信运营是伴随着微信产品的诞生而产生的一项互联网产品运营活动。运营者以手机或平板电脑中的微信客户端进行日常的运营推广，商家通过微信和微信公众平台进行针对性运营。微信运营具有随意性、移动性和便捷性等特点。微信运营通常的目的包括两个方面：一是获取目标用户，不断提高平台影响力；二是利用微信公众平台实现品牌宣传、企业营销、用户关系维护等。

◎专家指导

微信运营已经是大热，不论是在传统商家、企业，还是个人群体中，都有人进军微信公众营销领域。

微信运营不仅仅是发文章、吸引粉丝这么简单，它是一项复杂的系统工程，涉及的方法和领域很多。在整个微信的体系架构中，微信运营主要围绕“运营层”的工作开展，常规工作主要包括内容运营、用户运营、活动运营和营销推广等。微信运营一定要有周密的计划，微信运营的整体规划包括定位策略、品牌策略、推送策略、框架策略四个方面。

4.1.1 定位策略

企业要想做好、做大、做强自己的微信公众号，找准定位是关键的一步。如果这一点没有找准，后面的工夫可能都会白费。

为什么要定位？先来讲两个关于定位的例子，第一个是关于“脑白金”营养品，过年过节我们都会在电视上看到脑白金的广告，它主打的一个核心信息点就是“今年过节不收礼，收礼只收脑白金”。第二个是爆款手机品牌“OPPO”，它有一句很清晰的广告语“充电五分钟，通话两小时”。从爆款产品到爆款手机，再到爆款的新媒体和自媒体账号，都是有定位的。

定位就是解释一个东西到底是什么样的，以及它对你有什么样的价值。公众号为什么也需要定位呢？其实原因很简单。就像上面所举的例子，当我们在做微信公众号的时候，就要把它当作一个产品去做，设置公众号的品牌和定位。定位清晰的公众号能够更快速地找到目标用户，找到变现模式，也更受广告主的青睐。

要做好定位，至少要有以下三个方面的认知。

1. 企业需求分析

企业需求分析是企业对微信公众号的期待。

（1）关注：关注一般指微信公众号的粉丝关注的数量（用户量）。企业要求微信公众号通过内容传播及运营手法增加用户量，从用户身上获得直接或间接的商业回报。

（2）传播：传播一般指微信公众号推送文章的阅读量，通过高质量的内容选题、内容分发，提升曝光量或优化公关形象。

（3）互动：互动一般指转发、评论、点赞、收藏等方式。新媒体和传统媒体之间最大的差异体现在及时性和互动性上，新媒体通过平台进行互动，缩短了企业与用户之间的距离，提高了用户黏性。

（4）销售：销售一般指通过微信公众号带来产品转化。企业要求通过微信公众号上的内容或活动引导用户直接产生购买，给企业带来盈利。企业需求分析是最根本的分析，因为只有明确了企业需要什么，才能确定运营目标，然后才能在庞杂的运营系统中一直牢牢抓住核心，有的放矢。

2. 用户精准画像

用户精准画像即微信公众号想要吸引什么样的人。

做好定位的思路就是针对所要服务或推送内容的目标群体，根据他们的年龄区间、职位、社会层次、收入水平、具体需求等一系列考虑，设计微信公众号的功能特色、服务模式、推送风格等，进而打造品牌形象，实现运营目标。

具体应从哪些角度进行用户画像呢？

客观显性属性，也就是完全客观的用户资料，包括地域、性别、收入、年龄、受教育程度、行业特征、产品使用场景等。

（1）地域。地域是指用户所在的地理位置。不同地域的用户有不同的文化习俗、饮食习惯以及方言，甚至会用不同的眼光去看待事物，这些都会影响到运营的风格。比如，一、二线城市的居民收入较高，更乐于接受新鲜事物，参加过各种各样的活动，也收到过很多小礼品，所以他们更容易接受各种好玩的活动，但也不会轻易对低价的小礼品动心；而三、四线城市的居民收入一般，大多数活动他们都愿意参与，且不太计较礼物的价格。

◎专家指导

这对于微信公众号运营有借鉴意义，如用户是白天还是晚上打开订阅号多一些，是每天看还是存好几天一起看，有没有分享、留言、点赞、赞赏行为，在什么情况下更愿意分享等，这些都需要运营者首先在脑海里形成明确的印象，然后才能在内容策划过程中有意识地进行策划。

（2）性别。性别对于微信运营也有很大的影响。用户中的男女比例对公众号的运营有着非常大的参考价值，有些文案可以触及女性心底，但男性却对之无感。比如，很多女性对娱乐新闻和美容美妆更感兴趣，而男性则对军事科技更着迷。微信公众号运营定位要吸引不同性别的人，文章风格也要跟着用户的性别做调整，满足不同性别用户的需求。

（3）收入。收入也会影响到微信运营。如果营销对象的无法承受某个商品或服务的价格，那么它有再好的文案也无济于事。比如，无论文案内容多么精美，也很难说服一个月薪只有6000元的人参加一个4000元的付费社群，因此这个收入水平的人就不是核心目标用户。

（4）年龄。每个年龄段的用户所关心的内容是不一样的，了解用户喜欢什么，用户才会喜欢你。不同年龄阶段的用户的需求是不同的，要针对老年、中年、青年、少年等不同的年龄阶段人群的需要做好定位。

（5）受教育程度。受教育程度不同的群体中流行的文化、风格、形式都会有所不同。一般来说，受教育程度越高的用户，对内容也会越挑剔。

主观隐性属性，也就是群体的个性化标签，是主观的群体特点，如爱好、三观、习惯、圈层、文化等，这些在线上表现得尤为突出。这一部分属性需要运营者与用户深入接触后才能了解到。对于隐性属性的分析，不要总想依靠问卷调查。

曾经有人做过一个测试：在一次调查问卷中，有一个问题是喜欢黄色还是红色，10 个人中有 8 个人选了黄色。这些人在走的时候，有 6 个人领走了红色的小礼品。所以，想要了解用户，不能总是盲目地使用问卷调查，而要更多地去接触用户。例如，有个新媒体团队的运营者，在微信公众号创立初期添加了前 100 个关注者的个人微信，与他们进行深入聊天，观察他们的朋友圈，总结出他们的特征，了解他们的需求，这不失为一种方法。

平台价值属性，也就是用户关注一个微信公众号，期望从中获取的价值。

（1）有用。用户希望得到生活、工作中所必需的资讯或服务，如工作需要（如职场攻略）、生活需要（如美食推荐）、社交需要（如好友排名、身份标签）、物质需要（如优惠券、积分折扣、抽奖活动）等。

（2）有趣。不论是传统意义上的新闻发布，还是社会热点话题的讨论，用户都更乐于接受轻松幽默的呈现方式。

（3）共鸣。为什么“逃离北上广”的话题曾经在互联网十分火热？因为它抓住了特定人群的心理，形成了广泛的共鸣。

（4）参与。在移动互联网时代，用户已经从被动接收信息变成了主动生产信息，用户不再简单地满足于内容单向推送，而是渴望去表达和对话。所以各大社交平台也都开通了评论、转发等功能，甚至出现了不少“评论区更精彩”的现象。

3. 寻找两者交集：企业需求与用户画像的交集

有的企业把做官网的思维带到了微信公众号上，输出的都是获奖、企业领导的动态之类的新闻，但这与用户有什么关系？如果给不出一个让用户留下来的理由，用户当然就会流失，运营就会出现问题，而这个理由，经常也是定位时最重要的参考。

一个微信公众号应该如何寻找让用户留下来的理由呢？

一般来说，企业方的“企业需求”和用户方的“用户画像”的交集，即为核心的定位参考。因为这个交集是在满足用户属性、提供价值的同时满足了企业的需求，只有如此，企业的运营才能步入正向循环。例如，“秋叶 PPT”通过实用的 PPT 教程获得大量的关注，“胡辛束”通过有共鸣的故事与文字，让很多用户购买文章后面附带的产品。

◎专家指导
寻找定位有时候不是一蹴而就的事情，而是需要不断地摸索与改进。

4.1.2 品牌策略

1. 适应性

有些有品牌积累的企业，仅仅把微信公众号当作一个新的推广渠道，完全不考虑微信的生态特点，或者简单地复制过去在其他平台的运营经验，最终做得中规中矩、毫无亮点。事实上，如果想通过微信公众号扩大品牌，就需要在原有的品牌积累上围绕微信公众号的特点来重新设计。

例如，“科技每日推送”致力于做一家科技生活类账号，从手机硬件、应用软件和智能设备三个点切入，表现科技与人的关系，传达科技生活时代的喜怒哀乐。该账号从 2014 年 7 月才开始重点经营，半年多时间收获百万关注用户。该账号曾用名叫“app 每日推送”，原本在 PC 端和客户端早已经有了一批用户，也积累了很多不错的内容。那么，开辟微信公众号这个平台后，是不是把这些内容重新用微信推送一遍就行了呢？该运营团队认为，原来PC端、客户端的内容更偏功能性，而微信公众号的阅读需要更生活化，要有专业性但又不失趣味性，所以他们微信公众号推送的东西突出生活，转型做得非常好，成为知名的科技类微信公众号。

2. 系列化

系列化是强化品牌存在感的重要手段，反映在微信公众号中，就是推出周期性的固定栏目或形式。

（1）栏目设计：在标题的最前面或最后面可以注明栏目名称，用竖线隔开。若要树立个人品牌形象，标题栏目还可以偏个人特色。

（2）封面设计：在封面图上可以做特别的栏目标志。如“丁香医生”就长期设有“要不要”“健康日历”等栏目，在封面上非常显眼。

（3）导航设计：文章开篇可以做一个导航条。例如，微信公众号“烧脑广告”在开篇的地方通过导航条颜色深浅的变化，让用户在阅读当天推送类型的前提下，还能看到整体的栏目规划。

3. 视觉化

（1）配色选择：一般来说，推荐在图文中使用与企业或品牌相关的颜色。微信公众号也是企业品牌的一部分，是用户了解企业形象的重要入口，因此其颜色的使用不应该随意，而应该尽量与品牌保持一致。

（2）封面图风格：如果封面图风格能保持一致，重复之后就是品牌标志，用户看到它们就会想起这个品牌。例如，微信公众号“胡辛束”的推送，头图和次图上都带有自己的公众号名称。

（3）表情包：在微信公众号的图文中经常需要表现喜、怒、哀、乐等情绪，此时使用表情包不但最为直接，而且也是与如今互联网文化相衔接的方式。更为重要的是，有了独特的表情包，就像贴了自己独特的标签，即使文章被盗转，这些标签也能被用户识别出来。

4.1.3 推送策略

微信公众号文章应选择合理的时间推送，保证推送时间的固定性，形成推送时间规律，让用户养成依赖习惯是关键。固定的推送时间有助于培养用户对公众号的信任，建立长期良好的稳定关系。

1. 黄金时间推送

按常规来说，以下四个时间段是推送的黄金时间。①7：00—9：00。作为新一天的开始，又正好是人们在上班路上的时间，人们需要打发时间，因此对信息的需求量较大。②11：30—13：30。吃饭、午休的时间段，人们玩手机的概率比较大。③18：00—19：00。下班路上排队等车、坐车的时间，人们也需要打发时间。④22：00 以后。现在人们睡觉前的最后一件事基本上都是玩手机。

2. 错峰时间推送

以上四个时间段是推送的黄金时间，所以各类微信公众号文章也会在黄金时间推送，形成扎堆现象，这时，错峰推送也不失为一种策略。不过错峰推送还要结合用户的主客观属性进行分析，进行用户画像，找准用户的使用时间场景来进行推送。

3. 活跃分析推送

可以通过分析数据把握用户活跃的时间段，在合适的时间进行推送。不论选哪一个时间段，运营者都可以利用“定时群发”功能定时推送，以培养用户的阅读习惯。

如果公众号推送的内容可以进行快速阅读，比如小段子、小常识、笑话等“快消品”，那么就可以考虑在用户的碎片化时间推送。因为“快消品”类的内容不需要用户集中精神去深度阅读，只要进行浅层阅读即可。但如果公众号内容需要深度阅读，那么可以考虑在 22：00 以后推送，因为晚上安静的时候最适合思考。

文化类公众号之首“十点读书”除了用心筛选内容以外，其推送时间把握得也非常好。“十点读书”每天都是在晚上十点推送文章。晚上十点是一个阅读高峰期，适合推送一些可深度阅读的内容。而“十点读书”就恰好这样做了，在这一固定时间推送一些比较温暖励志的文字。“十点读书”的推送时间深度迎合了读者的阅读习惯和阅读心理，使其文章的传播率不断提升，公众号粉丝也不断增多。

你每天用手机看微信公众号推送文章最高频的时间段是什么时候？思考一下为什么会形成这样的阅读习惯，背后的场景是什么，结合这样的场景，运营者该如何制订推送策略？

4.1.4 框架策略

在对微信公众号进行规划时要有“框架思维”，因为运营的环节并不是各自独立的，而是环环相扣的。增加粉丝就是单纯地增加粉丝吗？粉丝关注之后做什么？提升阅读量就是单纯地提升阅读量吗？一篇文章的阅读量超过10万是为什么？……微信运营者遇到这样的困惑，本质上是没有明白微信运营的框架。所谓运营的框架，就是在一个用户关注一个公众号的完整的过程中，针对每一个环节所做的营销措施。

点开微信，记录自己关注一个公众号的全部流程，小组内，大家将流程汇总后画出一个完整、全面的流程图。

用户可能是从朋友圈中被一个有吸引力的标题吸引而点击一篇文章，也可能是从微信群里点开一篇大家都在讨论的文章。阅读后，可能是对同类型的文章感到好奇，也可能是需要回复关键词，于是用户关注了公众号。关注后，收到一条关注时自动回复的消息，根据提示，用户可能会点击菜单，可能会看到历史文章，可能收到一个超级有趣的H5……这些东西实在太有趣了，于是忍不住分享到了朋友圈和微信群。于是，又开启下一波新一轮操作……现在，是不是发现微信是一个闭环生态？

一旦运营者脑海里有了这个框架，在设计的时候就要想到这个环节与其他环节如何联动。在这样的情况下，一个用户在关注微信公众号之后才会更有可能长期留存并且带来转化或传播，运营工作也才会更省心、有效。

如果让你规划自己学校的微信公众号，你会如何规划？

4.2 微信运营推广模式

案例一：

微信官方对于漂流瓶的设置，让很多商家看到漂流瓶的商机。一些商家开始通过扔瓶子做活动推广，这使得合作商家推广的活动在某一时间段内抛出的“漂流瓶”数量大增，普通用户“捞”到的频率也会增加。招商银行就是其中一个。

招商银行发起了一个微信“爱心漂流瓶的活动”：微信用户用“漂流瓶”功能捡到招商银行漂流瓶，回复之后，招商银行便会通过“小积分，微慈善”平台为自闭症儿童提供帮助。在此活动期间，有媒体统计，用户每捡十次漂流瓶基本上会有一次捡到招行的爱心漂流瓶。

案例二：

把微信回复做得有创意，微信就会有生命力。微信的功能已经非常强大，除了回复关键词还有回复表情的，这就是星巴克音乐营销。通过搜索星巴克微信账号或者扫描二维码，用户可以发送表情图片来表达此时的心情，星巴克微信账号则根据不同的表情图片选择《自然醒》专辑中的相关音乐给予回应。这种用表情说话正是星巴克的卖点所在。

（1）谈谈你对案例一和案例二的思考？

（2）你知道哪些微信运营推广模式？

4.2.1 模式一：O2O 模式——二维码“扫一扫”

“扫一扫”是二维码在微信上的具体应用，并且这种应用方式因其私密性而受到广大微信用户的青睐。现如今，用户通过微信的“扫一扫”功能扫描二维码，就可以实现微信所提供的各种各样的应用。

◎专家指导
现如今，随着二维码技术的提升，很多实体商城已经实现了微信扫码支付的功能。无论是实物商品还是虚拟商品，用户只要在微信上轻轻扫一扫，就能够方便快速地实现购买。由此可见，二维码的出现，不仅给企业和商家带来了全新的营销模式，也给消费者提供了方便快捷的消费方式，是应时代潮流而生的产物。

包含微信“扫一扫”按钮和“扫一扫”功能界面的微信扫一扫已成为各大企业进行营销的主要方式之一。具体来讲，微信的这个功能让二维码将企业的商业活动轻松地带到了每个用户的手机中。用户通过微信扫一扫功能，就可以实现以下情境：用户浏览企业的官方网站；带有二维码的活动页面跳转出来；用户通过微信扫一扫功能扫描二维码；进入浏览商家产品和活动信息页面；帮助用户快速了解商家产品和信息。

4.2.2　模式二：地理位置推送——查看附近的人

“附近的人”是微信推出的一项 LBS（Location Based Service，基于位置的服务）功能。用户只要开启这个功能就能够根据自身的具体位置找到附近的人，但是，其使用条件是对方也要开启这个功能。微信用户利用“附近的人”可以轻轻松松地找到身边的微信用户，进而实现交友和推广。因此，可以说，“附近的人”给微信用户提供了一个认识身边人的大好机会。

◎专家指导
对于产品的推广，用户可以使用“附近的人”功能，花少量的钱支付使用流量所产生的费用，就能将产品的营销信息百分之百地发送到用户的手机上。

例如，企业的产品针对的是白领、上班族，那么营销人员就可以在城市的商业地段进行定位，添加好友并进行产品信息的推广，其推广形式如下。

通过“附近的人”实现 LBS 营销的流程如下：

第一步：企业单击“附近的人”；

第二步：查找周边微信用户；

第三步：添加用户；

第四步：进行产品的精准推广；

第五步：通过对用户的行为轨迹数据进行分析；

第六步：建立用户行为特征模型；

第七步：实现更精准的个性化智能营销。

在微信上，具体操作方法如下。

（1）启动微信 app，进入“发现”界面，单击“附近的人”选项。

（2）进入“附近的人”界面，单击“开始查看”按钮。

（3）执行操作之后，弹出“提示”的对话框，单击“确定”选项，弹出“提示”对话框。

（4）执行操作后，即可查看附近的微信用户。

◎专家指导

企业利用“附近的人”功能添加好友之后，可以用两种方式进行宣传：第一，积累用户，做长远打算；第二，即刻利用群发功能发起宣传。这样宣传的优势是成本低，能够达到100%的信息接收率。

4.2.3　模式三：活动式微信——漂流瓶

如今，微信用户想要结交陌生的好友并不是一件困难的事情。除了通过以上提到的查找“附近的人”以外，用户还可以通过“摇一摇”及“漂流瓶”来寻找自己感兴趣的好友。

“漂流瓶”与查找“附近的人”不同的是：“附近的人”要通过查看并向对方打招呼才能与其进行交流，这种方式只能是一对一的，具有一定的针对性。但是，“漂流瓶”则不一样。用户只要将自己想要发出的内容编辑在瓶子里面，然后将瓶子扔进大海里，就可以让捡到瓶子的人收到自己的信息。可见，“漂流瓶”是没有针对性的，体现出了一定的随机性。对于企业而言，“漂流瓶”的好处在于企业可以将自己的微信营销内容直接编辑在漂流瓶里，然后“扔出去”。这样，不仅为那些对其感兴趣的用户提供了商业信息，同时也一定程度上避免了对陌生人的干扰。

漂流瓶可以定向投放到用户，结合活动会有更好的效果，招行曾做过一次微信爱心漂流瓶的活动，用户通过微信漂流瓶的功能捡到招行的漂流瓶，然后他们就会通过一个“小积分为慈善”的平台为自闭症儿童提供帮助。摇一摇其实是一个互动营销，众所周知2015年春晚微信红包摇一摇的活动，全国人民大概摇了110亿次，其活动效果不言而喻。

下面主要介绍一下微信“漂流瓶”的使用方法。

（1）单击微信界面下面的“发现”按钮。

（2）进入“发现”界面，然后单击“漂流瓶”按钮。

（3）执行操作之后，进入相应界面，单击“扔一个”按钮。

（4）进入相应的界面，单击左下角的“［插图］”按钮。

（5）进入相应的界面，在相应的文本框中输入文字。

（6）执行操作之后，单击“扔出去”按钮。

“漂流瓶”一般发出后，由网络自动分配，不定收件人，双方是完全陌生的，更容易把信息发送给客户，减少销售广告的成本。

漂流瓶的推广技巧：①漂流瓶的措辞尽量温和；②使用的头像要让其他人对其有点击欲望；③词语中可以做一个品牌或企业的签名。

4.2.4 模式四：推送式微信——公众号平台

目前，微信公众平台已成为企业进行互动营销的主要方式之一。在移动互联网不断发展的当下，企业进行微信公众平台的运营，直接加强了企业与用户之间的交流，拉近商家与消费者之间的距离的同时，也使得这种营销渠道更加细化。

下面主要介绍微信公众平台的使用方法。

（1）进入微信公众号界面，找到“素材管理”，并且找到“新建图文信息”。

（2）在“新建图文消息”中，找到相应的文本框就可以编辑文本了。编辑文本完成后，单击“保存”即可保存，单击“预览”即可预览，单击“保存并群发”即可保存并发送。

微信公众号的后台回复功能可以接入多客服，可以对用户一一进行回复。小米之前的客户关系营销是通过短信来做的，但是其成本较高，自从有了微信，其成本就开始降低了。

微信公众号回复功能的特色设置是个性化的互动营销。星巴克曾做过一个活动，用户在后台发送一张表达自己心情的图片，星巴克微信会根据不同的图片所代表的心情选择《自然醒》专辑中的音乐来回应。简单来说就是用户发送表情，后台回复音乐，当时星巴克通过这种特色的导航设置增加了不少的粉丝。

（1）你认为不同营销场所的优缺点是什么？

（2）不同营销场所的软文写作有何特点？

4.3　微信营销中的误区

罗振宇最初的亮相是在第一财经频道，很多观众也是在这个时候爱上他的。罗振宇曾经担任《决战商场》《中国经营者》《领航客》等电视节目的主持人。而他主讲的“罗辑思维”视频中说话音色、语调、节奏、表情及动作会让人感觉自然舒服，这正是他多年修炼的功力。作为一个电视媒体人，罗振宇超出常人的能力不仅表现在说话功力上，更体现在他对内容的组织和揉捏上。以“罗辑思维”中讲版权的一期为例，罗振宇用了一个奇异的故事引出话题，“未名湖畔”“裸奔”“音乐教授”等其实就是纯粹摆噱头。即使没有这个开头也丝毫不影响后面讲的内容，但正是这个开头把观众的胃口吊起来了。

罗振宇深知，只有选择生动、有趣、有料，同时注意熟悉性和陌生性结合的例子，才能把粉丝牢牢地吸引住。罗振宇是传统媒体人中最懂互联网逻辑的人之一。比如，他总是有意识地放低姿态，和人们打成一片；他从来不进行说教式的讲述，而是采用闲聊式。这些都有助于罗振宇获得网络声誉。在网络业内人士当中，罗振宇的知识广度、阅历和人脉是非常出众的。正因为如此，其他懂互联网的人虽然也可以利用互联网打造受欢迎的内容，却无法创作出像罗振宇一样既受欢迎又优质的内容。可以说，既受欢迎又优质的内容成就了罗振宇独有的成功。

（1）罗振宇成功的原因？

（2）大家喜欢且愿意传播的内容是什么？

微信朋友圈这一新的营销方法还处于探索和发展阶段，因此还未形成完全成熟的、系统化的理念，在这一营销过程中难免会有错误的认识和做法。本节将对微信营销的误区从以下四个方面进行具体描述，希望后来者引以为鉴。

4.3.1 不注重粉丝的质量

粉丝是实现营销目标的重要支撑，也是精准营销的重要目标客户群体。在微信的营销生态圈层中，粉丝是其中不可或缺的组成元素，具有巨大的营销价值。基于粉丝的作用，一些企业或商家盲目地重视粉丝的数量，而忽视粉丝的质量，走入了营销的认识误区。

粉丝中最重要的是精准粉丝，进行粉丝的定位之后可精准投送。以“91 运营网”为例，其目标受众为电子商务、产品经理及移动互联网运营方面的专业人士，因此他们不会向用户推送心灵鸡汤、娱乐新闻等内容，因为他们的用户最想看的是“互联网产品运营干货”。公众号运营者只要清楚自己的粉丝是谁，他们喜欢什么，就应当不会犯“向产品经理推送娱乐八卦”这样的错误。只要方向不对，一切努力都没有用。

为了精准定位公众号的内容运营方向，在推送内容之前，运营者需要做市场背景分析，以明确自己的受众，即接收推送信息的群体。一方面，公众号的受众属于传播学范畴，具有受众的一般意义；另一方面，公众号的受众的概念又是特定的，是指传播过程中的公众号信息接收方。比如，在护肤品行业，女性为主要受众，企业的微信公众号应当推送吸引女性受众的内容。一篇题为《凭什么战胜小三，捍卫婚姻主权》的文章就投其所好，该文章以一位中年妻子的口吻讲述了通过自我提升战胜小三的故事，吸引了大量女性朋友阅读。

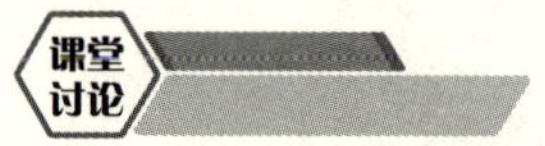

你认为公众号应如何进行受众分析？

4.3.2 随意地编写微信内容

对于微信朋友圈营销，在经营好客户关系的同时，还要特别关注一个问题，那就是产品质量，产品质量是营销的前提。而这个问题容易被企业或商家在微信朋友圈的产品信息推送中忽略。很多微信运营者为了尽快地完成工作内容，会随意地编写微信内容，而这往往是不正确的。只有提升了产品质量，才能提升客户满意度；只有产品质量经得起考验，才能提升客户体验。因此，企业或商家推送的必须是好的产品，而好的产品需要满足两个要求，即产品的内部质量要求和外部客户对质量的需求。

下面对这两方面进行具体分析。一是产品的内部质量要求，产品的内部质量要求是产品本身所拥有的使用价值。基于营销过程而言，其包括特点、优点、案例、证据四个方面的内容。二是产品的外部客户需求，满足产品的外部客户需求是针对客户而言的，是指产品所能提供给客户的，并且可以解决客户需求痛点的特性，其具体要求主要包括以下三个方面：提升客户体验、让客户参与到产品的设计中、实现产品的快速更迭。

4.3.3 单一无趣的微信广告

微信朋友圈营销其实就是一个个人魅力的价值变现的体现，其中一个重要的实现途径就是写公众号文章，在微信公众号文章里植入直白的广告是大多数公众号运营的硬伤。因为这种广告不仅无法起到正面宣传效果，还有可能让用户对你的公众号产生反感，从而取消关注，毕竟用户关注你的公众号不是为了看广告。

只有有趣、有味、有料的内容才能吸引粉丝。传统广告通过电视、广播、报纸等媒体渠道不断提醒消费者品牌的存在，而互联网时代的营销通过新媒体为消费者提供了具有吸引力的内容，微信公众号是主要渠道。所以，在微信公众号上做广告，切忌像做传统广告一样直白。公众号运营者应当对广告信息进行加工，使广告变得有趣、有味、有料，这样才可以突破消费者的戒备心理，将他们从受众转变成积极的传播者。

若说最会做广告的微信公众号，非“顾爷”顾孟劼莫属，就连阿里巴巴都找其为旗下“阿里旅行·去啊”做广告。“顾爷”从《梵高为什么会自杀》到《女王范儿》，再到为阿里巴巴做的《一亿元》，个个都被称为神文。这种现象只有十年前胡戈创作的《一个馒头引发的血案》可以与之媲美。而且非常有趣的是，胡戈因为这条视频成名后，也进入了广告界，并被阿里巴巴看重。

为什么“顾爷”的广告会火？主要在于创意。“顾爷”通过创意使广告非常有趣、有味、有料，于是用户忍不住转发传播。按照美国广告大师詹姆斯·韦伯·扬（James Webb Young）的说法，“创意就是旧元素新组合”。“顾爷”几乎没有创作过新内容，只是把旧元素做了新的组合，通过新组合，让广告变得不一样了，成为非常有趣、有味、有料的优质内容。

4.3.4 盲目地开发功能

现如今，许多微信运营者为了扩大微信营销，会开发各种功能。例如，开发展现系统、互动系统、吸粉系统、沉淀系统，以及一些微社区、微投票、微留言等。其实，这种人云亦云的做法是不可取的，因为并不是所有平台都适合这样做。微信用户想要的只是能够方便快捷地从你那里获得他想要的东西，微信运营者开发那么多功能，如果用户不需要、没有用户来参与，这样也是没用的，因为对平台来说，这是毫无益处的。

其实，对企业或商家来说，比起盲目地开发功能，选择正确的营销路径更加重要。一般来说，在微信朋友圈营销，更多的是要从朋友关系出发，提供给用户更接近于服务的营销感觉，更多地满足客户如同朋友一般对产品的需求感觉。

随着社会经济的发展，人们在追求产品使用价值的同时，也寻求一种产品带给客户朋友般的心理满足感和来自内心的自我肯定。因此，运营者在开发微信功能的时候，一定要从用户的角度出发，只有这样，才能开发出令用户满意的功能，实现微信运营与用户使用的完美结合。

第五章　直播带货

道在日新，艺亦须日新，新者生机也，不新则死。

——徐悲鸿

随着5G、大数据、AR/VR和人工智能等在各行各业的广泛应用，直播带货作为一种新媒体的传播方式，把人类带入万物可播的时代，创业者和品牌商需要通过不断的学习，以强大的新媒体运营能力支撑企业的发展。直播作为一种新媒体手段，在当下营销手段日新月异和竞争激烈的市场状态下，能给商家带来缓解压力和突破瓶颈的风口。本章希望通过直播带货的意蕴、直播带货的运营和直播带货的发展趋势的讲解让读者既能快速学到知识，又能从新时代互联网思维实践案例当中找到知识的落脚点。

直播带货；直播带货的意蕴；直播带货的运营；直播带货的发展趋势

- 直播带货的意蕴：直播带货的内涵，直播带货的发展
- 直播带货的运营：直播带货的运营逻辑，直播带货的运营模式
- 直播带货的发展趋势：直播带货的现状分析，直播带货的发展趋势

5.1 直播带货的意蕴

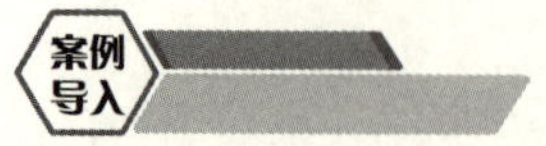

◎你是否有在直播间购物经历呢？是否为某样商品在直播间蹲守数小时呢？

“别睡了，买它买它!”

近年来，每到十月下旬，一些网上的直播间就打响了“双十一”第一枪。随着主播的叫卖，无数的订单在后台成交，将销售数据推上了前所未有的高度。

根据统计数据，平时千万流量的直播间，在“双十一”那一天迎来了近4亿人次的流量，而这些流量在近8个小时的时间里，创造了近70亿的商品交易总额。

2021年又上演了一个奇迹，2021年10月20日某电商平台的“定金之夜”，有某个人气较旺的直播间的预售额成绩是106亿。“如果按照古代万两黄金约合现在的一亿多人民币来计算，10月20日晚上的锣鼓一响，该直播间掉落了黄金百万两。”

在“双十一”预售夜开始之前，各直播间便早早做好了布局。

比如，早在几个月前，不少主播及其团队就已在多个平台通过发布“小课堂”“新品秀”等内容对消费者进行了种草。他们拼尽全力，有的还针对特定人群专门打造差异化内容爆款，比如“极限挑战”“所有女生的offer”等，成为他们扭转战局的关键。甚至多方联手，在线展现直播主播和知名品牌企业间“讨价还价”的过程，不仅展现了直播主播较强的个人口才、销售谈判能力与品牌议价能力，而且还强化了他们选品专业度的人设，更让整个谈判显得综艺感十足。

再比如，一些直播间铆足了劲头，在各类社交平台上制造话题量，展现他们满满的诚意，成功地打动各类消费者进入其直播间，将热情释放为成交量。一些基于社交媒体的综艺内容便成为直播团队在内容营销上的一些新探索。即便大众可能知道，在现实中不一定是由主播去谈价格，但节目自带的高光效应，还是有效地展示了主播团队所给出的优惠力度，让其直播间商品具备很强的价格吸引力和说服力，这自然为这些主播“双十一”大促的辉煌战绩发挥了重要助推作用。

除此之外，品牌方的大力补贴和直播团队借势助力的营销活动，也都成了这些主播及其团队实现不可思议的成交量不可或缺的一部分。

5.1.1　直播带货的内涵

直播在互联网迅速发展的年代并不是一项新事物，但是早期的直播留给公众的印象非常不好。当时很多直播都是以游戏直播为主，平台的营利模式主要是依赖打赏和广告。为了吸引更多人加入，一些平台剑走偏锋，通过炒作美女主播、出格的言行、封建迷信、侵犯隐私等各种低俗的方式野蛮生长。最早的直播出现在网络游戏中。原因是早期的网络游戏特别是大型的综合游戏都需要团队配合，但是单纯电脑打字速度比较慢，会严重影响游戏进度，所以一些语音聊天软件就应运而生了。后来，随着网速的提升，这些游戏语音软件就演变成了视频聊天软件，也就是我们今天说的直播，比如之前一直做游戏语音软件的 YY 在 2012 年就上线了直播平台。

◎你了解直播卖货吗?

2015 年，随着智能手机的普及、4G 的全面推广，加上大量资本的加持，直播行业进入飞速发展阶段。

2016 年，成百上千家直播平台的涌入让竞争一下子白热化，出现了“千播大战”的局面。不过，激烈的竞争也同时开启了全民直播的时代，因此 2016 年也被称为直播元年。

2019 年，通过几年的积累沉淀，一些平台通过网红主播直播带货模式取得了惊人的成绩，也为直播找到全新的变现方式。通过短视频卖货和直播带货的播商在此基础上开始兴起，因此，我们也可以把 2019 年定义为直播带货元年。

某位主播拥有上千万粉丝，被称为“口红一哥”，其每场直播吸引上百万人观看，1 秒钟带货 8000 多套馥蕾诗，3 分钟卖出 5000 单资生堂红妍肌活精华露，5 分钟卖光 15000 支口红，2019 年“双十一”，个人直播带货超过 10 亿元……

2019年11月29日，快手上最知名的直播军团“散打家族”在广东佛山开了一次粉丝见面会，整个活动直播过程近7.5小时，观看数量超过了1700万，最终销售额达1.82亿元。

因此，直播带货是直播娱乐行业在直播的同时带货，其形式在不断变化，出现直播带货的原因是电商的兴起，引起一些娱乐行业的人跟进而演化来的。相较于传统的销售模式而言，尤其是对中小企业而言，直播带货极大地降低了准入门槛和运营成本，快速的以点带面，产生线上的“连锁反应”，其主要具有以下优势。

成本低：与传统的线下开店相比，直播带货省去了高额的门店租金和装修费用。

受众广：通过直播平台的流量，可以为商家吸引到来自全国各地的用户。而传统线下开店模式，只能吸引到本地甚至本商圈的客户。同时，直播带货也避免了特殊时期的空间限制。

展现更真实：尤其是对于服装类、美妆类等消费频次较高的产品，主播的试穿、试用体验能够将效果很好地呈现在粉丝面前，从而促成粉丝以最快的速度接受主播推介的产品，产生销售转化。

5.1.2 直播带货的发展

如今，新媒体平台已经不能满足互联网发展的需求，很多独立的运营者开始试图利用新的媒介平台去展示自己。从2016年初开始，包括腾讯、阿里、小米、乐视、360在内的互联网巨头纷纷进入网络直播领域。移动直播由单一的PC秀场进化到移动端平台，渐渐覆盖用户的所有生活场景，成为产业链条的核心枢纽。

根据易观数据发布的《中国网络视频市场年度盘点分析2018》中的数据，已经上市的网络视频平台除了已有的6家之外，腾讯视频、优酷、土豆、搜狐视频、百度视频等视频平台也被纳入了腾讯、阿里、搜狐、百度等上市企业体系之内。作为重要的流量入口，除了视频平台之外，新片场等新媒体内容平台也已经登陆新三板挂牌上市。2018年初，哔哩哔哩和爱奇艺先后登陆美股，映客也在香港递交IPO申请，预计未来仍将有一批视频平台公布上市信息。

网络直播是将音视频信号转换成数字信号并经过网络传输的一种流媒体应用。2005 年开始直播的 1.0 时代，专注于陌生人视频社交的“9158”异军突起，从网络视频聊天室逐步发展为以美女主播为核心的秀场。2014 年开始直播的 2.0 时代，主要是游戏直播的发展时期，YY 剥离游戏直播业务成立虎牙直播。同年，斗鱼从 A 站独立，成为游戏直播的两大巨头之一。2015 年，熊猫直播开始抢占市场。2015 年开始直播的 3.0 时代，移动直播、泛娱乐直播兴起，映客、花椒等直播 app 不断涌现，未来的直播 4.0 时代将向 VR 直播迈进。

据 CNNIC 2017 年 1 月 22 日发布的第 39 次《全国互联网发展统计报告》显示，截至 2016 年底，中国直播产业可验证的用户总量达 3.25 亿。2016 年 8 月，Facebook 开放直播服务，包括 BBC、华盛顿邮报、纽约时报、今日美国等在内的专业媒体先后入驻。

直播成为聚合流量的新入口，甚至催生了“网红经济”这一新的互联网商业模式。网红主播们纷纷从“直播间”走上科技公司的发布会，甚至被称为“网红直播时代”。如今，企业开始在直播平台上重构营销策略。企业直播涉及会议、活动、教育培训、新品发布、产品体验等各大应用场景，覆盖汽车、房产、旅游、科技等众多行业。

◎学习了这一节，你有什么学习心得呢？不妨写出来与大家分享一下吧。

5.2 直播带货的运营

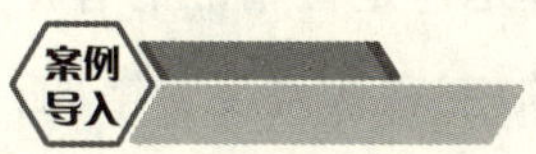

2021 年 10 月 20 日晚，“双十一”活动正式开启。小葫芦监测数据显示，某直播间的最终销售额达到 106.53 亿元。

据统计，一些网红主播一天内直播间的合计成交额达 189 亿元，跑赢了超过 4000 家上市公司 2020 年全年的营业收入。对于这串数字，有些网友直接惊呼，“没见过世面的我从个十百千万开始数，这到底是多少钱，长这么大第一次晕数字”，还有网友表示，“以后说出去，咱们也都是参加过百亿项目的人了”。

就连主播本人也感到十分惊讶，发文称：“我们日常 2000 万人看，今天 2.5 亿。所有女生们，你们是从哪里冒出来的?”

在直播带货模式中，头部主播们会通过专业买手团队对商品进行定位，在质量、价格、性能等方面与商品对应的目标消费群需求进行精准匹配，减少了消费者的初步筛选成本。在直播过程中，主播们会详细介绍主推商品的亮点，让消费者更深入地了解产品特性，从而为下单提供参考。

习惯了短平快的年轻人，以及对于阅读手机图文有困难的中老年用户，都可以通过直播更低门槛地获取商品信息，直播拓展了用户群体，在短时间内集中展示商品并让消费者快速下单，造就了直播带货的销量神话。也因此，抖音、快手近年来凭借直播在电商领域发展迅猛，“双十一”无疑也是它们凭借这一模式获得更多销量的重要节点。

对于平台而言，传统促销方式依然能够覆盖更多的平台中小品牌和商家，毕竟在激烈的行业竞争和商业推手的参与下能上头部主播直播间的商家是少数更具资金、品牌实力的大品牌、大商家。

5.2.1 直播带货的运营逻辑

直播带货是当下最热门的一种运营方式，相比于传统的广告、推广模式来说，第一，其曝光的速度大大增加，能更快地提升产品的知名度；第二，垂直品类领域，可以更快帮助品牌迅速定位精准的客户群体；第三，更容易增大消费者对于产品的认知度和认可度；第四，根据后台数据，可以迅速有效地分析产品在市场的分布以及客户的使用情况，并及时根据客户反馈改进产品，让消费者满意。因此，为了更好地了解直播带货，下文从构成直播带货运营逻辑的直播间打造、主播打造、引流打造、产品的选择与定位、平台的选择、客服服务等方面说明。

1. 直播间打造

有内容找内容，没有内容找特色，没有特色找模式，没有模式找复制。

（1）有内容找内容：直播的核心就是对内容的打造，不管是娱乐主播还是带货主播都是以内容为主，内容决定了你的顾客是否在直播间停留观看，是否会产生持续购买的一个重要因素。内容如何打造这个话题就需要运营者根据实际产品、主播、区域、消费者画像等各个方面进行考量。

（2）没有内容找特色：有的人会问如果我不知道如何打造内容怎么办，那就找特色。找谁的特色？找主播、找产品、找地域、找话题等，只要能够产生话题性的特色我们都可以列举出来，抓住一个点吸引一批人。

（3）没有特色找模式：如果你没有内容也没有特色怎么办呢？那就找模式，这里的模式指的是什么呢？主要是针对产品的模式，通过产品的分销模式或者分享模式来产生用户的购买。具体模式的打造需要更具产品特性、价格、消费习惯等。

（4）没有模式找复制：这就更加好理解，想做，不知道怎么去做，就去看最优秀的直播间怎么做，从主播、内容、流程全部复制学习，转化成为自己的东西，这也是国人最擅长的做法。

2. 主播打造

主播的打造主要分为主播的 IP 打造和主播的自身能力打造两个方面。

（1）主播的 IP 打造。

①个人主播 IP 打造对店家来讲存在一定的风险，主播被打造出来离开后会造成损失，不打造出来又没有带货的能力。当然店家自己带货除外。

②商品 IP 的打造，这可谓是铁打的营盘流水的兵，所以更加建议店家去做店铺的 IP 打造，有能力的主播都可以在店家提供的平台去进行带货，而不是靠主播个人 IP 进行带货。

（2）主播的自身能力打造。

①主播表现力强，感染用户下单。主播的表现力主要体现在语言、表情、动作三个方面。语言要丰富，要有代入感，语言对产品的形容要贴切到位，并且让观众知道为什么要购买你的产品。表情要投入，价格惊喜的时候，讲亏钱心疼的时候，催促客户下单着急的时候，都应该配合上相应的表情，让观众体验感更真切。讲解商品时动作要灵活自然，适当的肢体动作表现是主播个人魅力形象的展现。观众更愿意看到一个灵动有趣具有个人魅力的主播形象。

②节奏把控力强，掌控全场，张弛有度。一场直播带货一般需要3~6小时，整场过程中在线人数高低起伏。作为一个优秀的带货主播一定要具备很强的把控力，包括卖货节奏的把控，讲解时间的把控，直播间气氛的把控；在线人数高时知道自己应该做哪些，用什么台词；在线人数低时做什么，用什么台词。使整场直播能够张弛有度地进行，并且通过每场直播不断优化直播间的权重。

③话术设计优秀，卖点讲解，火力全开。主播的话术设计决定了观众购买的欲望，优秀的主播拿到商品后，会知道从哪几个方面来讲产品，用什么话术来做营销，使商品利益最大化，从而让客户在最短的时间内形成一个转化。如果主播没有一个好的话术，那么前期的工作做得再好，客户也很难下单。好的话术就是球场上的临门一脚，助力你每一次的讲解和每一次的成交转化。

3. 引流打造

很多店家苦恼不知道如何去做引流，做了投放没有效果，直播间没有人购买东西等，引流只是帮助我们带货销售的一种手段和工具，并没有我们实际操作那么困难，其主要包括做预算、做流程、做活动、做执行、做技术这几个方面内容。

（1）做预算：任何事情都有其价值，直播也是一样，需要根据实际开支做预算，引流的费用一般会分阶段进行预算。

（2）做流程：这个流程指的是什么？是要投放的流程及计划，主要是配合店铺活动进行分阶段分时投放，强化流量吸引。

（3）做活动：活动引流是一种常见的方式，以低价、优惠、免费、限时抢等方式进行。在此需要注意两个误区：一是活动推送出去就会有人参加，二是优惠力度大就会有人参加。这两个误区是很不应该误入的，在你的店铺没有获得更大的公域流量时很难通过活动去进行带货和增加粉丝，所以初期的活动推广应该是从私域流量到公域流量。

（4）做执行：预算、推送、流程、活动打造完成后就是做执行。执行最重要的是落地，否则一系列准备都会变成一场空谈。

（5）做技术：技术主要是根据平台的规则以及其他技术平台进行技术支持，从而更好地实现引流的目的。

4. 产品的选择与定位

产品的选择与定位主要包括爆款的打造、产品的选择、消费者画像分析。

（1）爆款的打造：通过引流、推流产品，增加产品的知名度。

（2）产品选择：产品需要符合目标人群的消费习惯，产品质量需要有一定保障。根据卡思数据 2019 年“双十一”期间直播带货销售分析，食品饮料、美妆护肤、个护清洁、家用电器、服饰鞋帽、家居日用、3C 数码、母婴儿童、健身户外、宠物等类型都是销量较高的产品。在巨量引擎推出的“中小企业复苏计划”中，涉及生活服务、家具家装、电商、教育培训等多个行业的上千家中小企业参与到直播带货的活动中。

（3）消费者画像分析：比如消费者的年龄、性别、消费习惯、消费时间等因素都是直播带货需要考虑的。

5. 平台的选择和客服服务

（1）平台的选择：主要从产品特性、关注人群、消费习惯、平台规则四个方面开展，不同的产品，选择的平台也会有差别。

（2）客服服务：客服的核心除了良好的服务态度以外，最主要的就是需要思考如何让消费者变成粉丝，最终形成自己的社群粉丝。

5.2.2　直播带货的运营模式

直播带货势必会变成一种常态化的营销模式，所以搭建自己的直播频道很重要。现在的厂商基本都是让自己的员工来做，员工在奖金

◎直播带货对你的生活有什么影响吗？

提成的激励下靠自己的“洪荒之力”去做营销工作。眼下势必会诞生一个巨大的培训市场，成为网红经济的重要一环。直播带货，主要有以下三种模式。

1. 私域自运营模式

对一些品牌而言，没有那么多预算去请明星、网红，也分辨不清那些KOL专业大咖们的粉丝是否真实，担心主播们在直播间因为对产品不了解而胡乱解答消费者的问题而被懂行的消费者反驳，很容易形成“翻车现场”。那么把店铺运营到一定的粉丝量，可以是几千，也可以是小几万，由商家自己来做直播的效果是最好的，这也是为什么这两年各行各业的CEO、“大佬们”纷纷出来站台的原因。

私域自运营模式的好处在于成本低，并且商家对产品也有一个更直观的认识，能更真实地介绍产品，也能让消费者对产品充满信心和信任。然而这种模式值得注意的是，直播引流和私域流量的转化，建立社交电商。毕竟随着越来越多的商家进入直播行业瓜分流量，对于没有明星、网红等光环的直播间，想要从中瓜分流量必须更加强化商家本身的核心竞争力。

急功近利的浮躁时代正在慢慢消退，粗暴直接的卖货终将退去，剩下始终不变的、有很强竞争力的，还是产品的本身。直播带货的背后通常有着成熟的供应链和巨大的消费市场，相互形成一个比较完整的供需环。而主播们通过网络，采取多样化的呈现方式，为消费者提供产品的体验、解答，并且利用自身的个人品牌“背书”，为消费者解决了一部分购前决策问题。

2. 明星、网红带货模式

曾经最直接不用动脑筋的带货模式是找知名度、影响力高的网红或明星，以及经纪公司合作，把销量交给直播方操盘。老实讲，直播行业到现在这个阶段，拿钱砸也未必能“躺赢”。强强联手往往才能堆出爆炸式效果，不管是明星还是网红，主播带货的核心竞争力是商品货源是否与主播粉丝所关注的领域高度匹配，以及在这个领域里是否有业内极致的性价比。很多商家通过明星效应、网红效应的庞大粉丝量来销货，在最终直播的时候却很有可能存在刷单、假粉丝、直播结束退货退款等各种问题，毕竟数据是可以捏造的。

明星网红带货模式值得注意的是选择明星、网红主播带货的核心竞争力是个人的品牌“背书”，也就是说，消费者选择购买产品和产品本身关系不大。主播的粉丝们是否能转化成商家的粉丝并持续消费，重点都在产品上，后期维护上也要下很大的功夫。尤其是在直播间里已经被主播压到最低价的产品，后续如何再运营都是需要提前布局的。

3. KOL 专业带货模式

线上流量越来越贵导致获客成本水涨船高，商家们需要更高效地为品牌及产品寻找推广渠道。而具有一定专业度的头部直播最容易形成聚拢效应，为产品进行精准推广。即使直播中不能立刻带来实际销量，但是从长远来看，在 KOL 主播的个人品牌“背书”和商家的品牌“背书”这种双管齐下的强大推广下，可以给消费者带来巨大的信任感。信任感使得消费者在购买时，提升了决策速度，相当于商家在直播间做了一场互动式社交广告。

在直播中，不仅可以向 KOL 提问，还可以和众多粉丝们一起进行弹幕交流。由 KOL 带头，大家一起分享该领域的经验，商品是否真的值得购买，价格上是否合理，都可以在直播间内实时显示，尤其对那些下单时犹豫不决的消费者来说，KOL 的专业度有很大的引导作用。

KOL 专业带货模式值得注意的是直播脚本的设计，就和拍电影一样，什么场景做什么说什么、怎么暖场、什么时间段开始和粉丝互动。商家品牌与主播个人品牌合作如何做互动游戏、引导话题上搜索头条等等。不仅是直播间，在直播开始的前中后期，外部渠道的推广宣传及造势都需要整体策划，对商家而言这不单单是一次直播，也是一次集中推广。

5.3　直播带货的发展趋势

随着互联网的飞速发展，在如今这个新媒体时代，直播带货已经成为一种火热的电商推广以及营销策略。在疫情期间，直播带货频上热搜，创造了一个个业绩佳话，不少明星和公众人物都纷纷加入到直播带货的行列中，一时间将直播带货推到了风口浪尖。那么，直播带

◎荐读

余来文、甄英鹏、苏泽尉、叶萌著：《互联网思维：直播带货的运营法则》，企业管理出版社，2021 年。

货未来的发展趋势如何呢?

5.3.1 直播带货的现状分析

疫情期间,很多企业纷纷倒闭,直播带货行业强势崛起。直播带货的应用场景是:人人可播,随时随地可播,万物皆可播。那么直播带货是未来发展趋势,还是昙花一现?这些问题都成为大家聚焦的关注点。下面先来了解一下直播带货的市场发展现状。

2019 年疫情环境下,直播电商整体市场规模达到 4338 亿元,同比增长 210%,在电商市场中的渗透率为 4.1%。

2020 年直播电商整体规模将突破万亿,达到 10500 亿元,渗透率达到 8.6%。

2021 年直播电商规模将扩大至 2 万亿元,继续保持高速增长态势,渗透率将达到 14.3%。自 2018 年开始,MCN(Multi-Channel Network,多频道网站)机构数量已经开始出现了大幅度增长,2019 年更是进入爆发式增长。

根据克劳锐的数据,2018 年 MCN 机构的数量约为 5000 家,是 2017 年数量的 3 倍;2019 年数量上涨到 2 万家,是 2018 年机构数量的 4 倍。中国互联网络信息中心发布的《中国互联网络发展状况统计报告》显示,截至 2020 年 9 月,我国网络购物用户规模达 7.49 亿,直播电商用户规模达 3.09 亿,占网购用户的 41.3%,占直播用户的 55%。

根据淘宝直播、快手、抖音的规则及数据,目前直播电商的主要佣金分成模式为专场包场和整合拼场,变现方式包括"坑位费+佣金"和纯佣金,其中比较常见的组合为"整合拼场"+"坑位费+佣金"。对于佣金分配,品牌商可以设定成交额的 5%~50% 作为总的佣金包,各参与方根据成交额或总佣金比例抽成。

目前,广告营销和电商是多频道网络机构最主要的变现模式。随着直播电商的快速兴起,直播带货正逐渐成为众多 MCN 机构的主要变现方式。2020 年 7 月 6 日,人力资源和社会保障部、国家市场监督管理总局、国家统计局联合发布了 9 个新职业,其中最为引人瞩目的莫过于互联网营销师。而互联网营销师下面又增设了直播销售员这一新工种，大众所熟知的“电商主播”“带货网红”终于有了国家认可的正式称谓。

作为直播电商产业链中重要的一环，MCN 机构的核心竞争力在于对网红的孵化和运营以及供应链的打造上。MCN 机构本身是网红经济的产物。要想在直播电商赛道上胜出，MCN 机构需要充分发挥其孵化和运营网红的功能。其中包括发掘和打造网红的个人魅力，塑造对应的垂直圈层，构成带货主播独特的品牌力。再根据网红品牌力和商品属性制订营销方案，实现商品与网红的精准匹配，并根据平台属性进行分发，将有价值的内容高效传递至客户，实现最终流量变现。

从 2021 年的“双十一”开局情况来看，各大平台都在备战和发力，希望借此盛会取得一个优异的战果。“双十一”对于消费者来说是一个购买优惠商品的良机，但对于电商平台来说则不亚于一场商业战争，是赢家和输家的游戏。谁能一直占据顶峰，一直保持营业额增长，并能抓住商业变化机会，谁就可以在电商行业拔得头筹。

一方面，近些年的趋势是直播电商不断走高，成为整个电商行业增长的核心力量，并且这股发力初期的力量还将延续一段时间。根据公开数据，2020 年直播电商交易额达 1.29 万亿，同比增长 191.8%。在互联网行业面临流量天花板的窘境时，直播电商还能保持如此的增长活力。另一方面，从细分公司来看，（淘宝直播、快手、抖音）三家平台增速亮眼。作为最早涉足直播电商行业的三家公司，可谓吃尽直播电商市场的红利。根据公司财报，2020 年全年淘宝直播 GMV 超过 4000 亿元，同比 2019 年实现翻倍增长。快手电商 2020 年 GMV 则达成 3812 亿元，同比 2019 年大幅增长 539.5%。这么高的增速也是短视频公司估值高的部分原因。最后来看，值得警惕的就是业务形式的趋同，同业者间无法打出差异牌。随着各大平台都深知直播电商的红利而纷纷布局直播业务时，消费者的体验也会变得麻木，无法获得新的购买刺激从而导致平台增速放缓，这最终考验的是平台方的创新能力。

时代在不断发展，电商的形式也在不断变迁，不论商品还是平台，最终服务对象还是消费者。中国电商行业从无到有，再到做大做强成为国家支柱经济，经历过激烈角逐，也经历过监管整顿。在“双十一”

来临之际，各大平台都拿出看家本领一决雌雄，“电商热”才刚刚开始。

5.3.2 直播带货的发展趋势

现在货品同质化越来越明显，在几次“双十一”和“618”的清单中都可以找到顶级网红直播间出现同类商品比价格的现象。在现在的经济背景下，品牌商还是更愿意把营销的钱花在真正可以带货的顶级网红和腰部网商身上。但在未来，伴随直播内容进一步丰富，场景更多样，新品更多，帮助品牌溢价和提高知名度是必然的事。

1. 直播带货达人发展前景

◎你觉得直播带货的未来走向如何？

直播带货的一个重要因素就是人。在未来，我们可以预测，那些炙手可热的头部网红会越来越少，毕竟绝大部分电商直播达人其实是在线导购，人设弱，可替代性强。我们能看到的头部网红，都是依靠天赋和努力，再加上运气，从无数候选人当中慢慢熬出来的。而现在在该领域有一大批掌握了货源的短视频达人。

一个直播间，只要是多品类，是买手模式，那么无论它是店铺号还是达人号，本质上都是达人直播间。种草博主转型电商主播最快，粉丝自带购买属性。孵化网红，从选人才到做爆款内容，其实基础思路很通透了，翻来覆去就那么几招，做到腰部，破百万粉丝并不是难事；至于要做到胸部，那得平台推你一把；做到头部，得赶上年度大风口，做到超头部，可以说是可遇不可求的。

2. 直播平台的发展趋势

网红带货的品牌同质化趋势越来越明显。如今，在某些顶级网红直播间里出现的商品，往往会在接下来几天内被其他头部网红、腰部网红反复带。在经济前景不明朗、整体消费乏力的情况下，品牌商当然更愿意把营销开支花在极少数经过验证的头部网红身上。

现阶段，直播电商确实很难帮助品牌溢价，更多的是完成高效率的销售转化。但在未来，伴随直播内容进一步丰富，场景更多样，新品更多，帮助品牌溢价和提高知名度是必然的事。现在的趋势是“购物环境”变成了“社交 + 购物环境”。除非一个平台同时掌握了流量、网红和货源，它才能从网红带货行为当中赚取最大的利益。目前，只有淘宝天猫能做到，快手正在努力做到，拼多多希望自己今后能做到。

3. 消费环境的发展趋势

随着5G时代的全面来临，线下效率最高的是逛商业街、超市，线上是逛淘宝、京东、拼多多，但有可能在下一个时代，效率高到打开任何一个app都能购物，任何场景下都能搜相关商品，云店铺会大量普及。我们可以想象一下，5G对直播的早期影响是多场景切换，高清缩放；中期是多智能终端切换，试妆试穿；后期是沉浸式虚拟逛街。

综上所述，目前直播带货依旧处在风口期，即便现如今行业开始逐渐饱和，但是还是有机可寻，未来的发展趋势肯定会是昂扬向上的，如今的行业也在不断催生新的带货主播，因此随着时代的变迁，头部主播也会一批换一批，所以只要抓住机会，一切皆有可能。

第六章　新媒体文案

在一个特定的环境下，我们根据一种行为与他人行动的相符程度来评价它的准确性。

——鲍勃·查尔蒂尼

新媒体文案是以现有的新兴媒体（主要是移动互联网媒体）为传播平台，利用其网络媒体、社交平台的交互性，进行有创意的广告内容输出，用于辅助企业或者商家实现某种营销目标的一种文案。本章将对新媒体文案的概念、特点、常见载体以及常见的文案类型等进行介绍，帮助大家全面了解新媒体文案的基础知识。

- 新媒体及新媒体文案的概念
- 新媒体文案的特点、载体以及类型
- 软文的作用
- 软文的特点以及写作要求
- 新媒体文案创意策略

6.1　新媒体文案概述

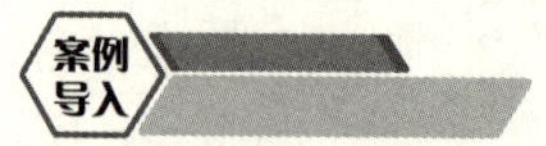

随着互联网的发展，以手机客户端为代表的移动互联网媒体成为第五大媒体，传统媒体被社交网络和移动自媒体切割，人们的阅读模式也随之发生了改变，与之相对应的就是文案传播渠道的变革以及文案写作风格的更替，也因此促进了新媒体文案的快速发展。当今社会，新媒体文案的创作与营销已经成为一种热门的趋势与潮流。各大商家、企业对新媒体文案的需求也越来越大，纷纷设立了与新媒体文案相关的岗位来进行产品或品牌的推广与销售，如文案编辑、内容运营、文案策划等。

随着信息技术的不断发展，传统媒体和新兴媒体融合的步伐加快，进入了融媒体时代。媒介之间的边界由清晰变得模糊，要实现传播模式创新，“内容+服务”是关键。比如，深受广大年轻人喜欢的白酒品牌江小白，深耕文案内容，与此同时，还致力于新媒体营销，不断创新传播模式，取得了良好的传播效果。随着新媒体发展步伐的逐渐加快，很多品牌企业开始进军新媒体营销领域，但是成功者却寥寥无几。江小白可以说是新媒体营销的成功典范。

业内有“江小白的文案，你永远也学不会”的说法，不管是致敬86版《西游记》，还是回忆青春往事，都能让人们受到心灵的触动，感受到最初的情怀，这样的文案深受网友喜欢。凭借独具特色的文案，江小白一步步打响了在白酒行业的知名度。其微信推文的阅读量每篇都能保持在5万人次以上，阅读量10万以上的文案更是不在少数，足见网友对该品牌的支持与喜爱，这都得益于新媒体文案传播的便捷性。

（1）什么是新媒体文案？它产生的背景是什么？

（2）与传统文案相比，新媒体文案为什么更受网友的青睐？

针对下列问题展开讨论：

（1）新媒体文案有哪些特点？

（2）新媒体文案的常见载体有哪些？有哪些类型？

6.1.1　新媒体文案的概念

狭义的媒体，指的是传统的四大媒体，包括电视、广播、报纸和杂志，它们是人类社会产生的早期媒体形式。新媒体则是相对于传统媒体而言的，是指随着计算机网络及数字技术发展而兴起的一些媒体。

◎专家指导

新媒体的重点在于“新”，也就是时间上较近的媒体，并且得到人们的广泛运用。

新媒体的概念是动态的，如互联网的门户网站、应用论坛、电子邮件等在20世纪90年代刚兴起时也曾被称为“新媒体”，但随着时代的发展、数字技术的更新及移动互联网的发展，网络PC端的内容已逐渐被归类到传统媒体中，近年来被称为“新媒体”的则是随着移动互联网技术发展而兴起的媒体渠道。例如，社交类手机应用：QQ、微信、微博等；新闻资讯类应用：今日头条、网易新闻、腾讯新闻等；视频娱乐类应用：优酷、哔哩哔哩（bilibili）、爱奇艺等；围绕着“吃、喝、住、行、玩”等垂直类app：如团购、美食、旅行、天气、导航、电影娱乐等。

文案就是在媒体渠道中用以吸引受众的一种广告表现形式。很多时候，受众并不能摸到实物，只能通过商家、企业方面提供的文字或图片描述了解对应的产品或服务，而这样的图文描述就自动承担起了达成商家贸易目的的责任。

新媒体文案是以现有的新兴媒体（主要是移动互联网媒体）为传播平台，利用其网络媒体、社交平台的交互性，进行有创意的广告内容输出，用于辅助企业或者商家实现某种营销目标的一种文案。

你认为以下哪条MP3的文案更适合新媒体传播？为什么？

（1）纤动我心，有容乃大。

（2）把1000首歌装到口袋里。

（3）晒一晒你的MP3里最近单曲循环的一首歌。

6.1.2 新媒体文案的特点

1. 发布成本低

传统媒体广告成本较高，而在融媒体时代，随着新媒体的兴起，企业发布广告信息的成本逐步降低，企业可以将品牌推广的预算更多地转移到新媒体上。相比于传统的广告，新媒体文案的发布成本更加低廉。网络传播的路径广阔，只要文案写得足够精彩，自然会有人自发地将文案进行传播与分享，这样一条简单的传播链，很多时候就会产生意想不到的营销效果。

2. 传播渠道及形式多元化

新媒体文案有着丰富的表现形式和传播途径。随着时代的变化，移动端的使用频率加大，人们随时都能拿着手机获取信息。新媒体文案传播渠道不局限于微信公众号、微博、QQ空间、支付宝等，传播形式也更加多元化。广告不仅仅以文字的形式发布，更增加了图文、视频和游戏等多种形式，这让广告形式实现了多元化呈现。

3. 互动性极强

相较于传统媒体，新媒体文案传播不再是单向的，新媒体文案多发布于社交、娱乐及资讯平台上，受众可使用手机随时随地进行操作。以微博平台为例，微博文案也是新媒体文案的一种类型，文案常会要求网友留言评论、点赞或转发，互动性强，能较好地维持传播者与受众之间的关系。

4. 目标人群更精准

◎专家指导
新媒体对文案的要求较传统文案更为平民化，更短、平、快。

新媒体文案的目标人群定位更为精准，一方面，新媒体各平台的人群都有明显的“标签”和特征，如“00后”利用QQ平台进行传播；而职场人群则更喜欢通过微信订阅号和朋友圈进行传播。另一方面，新媒体各平台能够记录用户的各种行为，企业可以针对自己的目标人群有选择地进行信息的推送以及广告的投放，如针对刚怀孕的妈妈推送母婴用品。平台自身基于数据的处理，也能够对不同人群推送不一样的信息内容。商家或企业一旦与这些平台合作，就可根据这些数据对受众进行精确的定位，从而取得良好的营销效果。

5. 推广力度大

得益于网络的便捷性与传播的多元化，新媒体文案的推广力度相比传统媒体更大。因为现在人们多使用移动端查看新媒体文案，移动端设备都是触摸屏，操作起来十分方便。以微信公众号文章为例，一般情况下受众可通过扫描文首或文末二维码关注该公众号或其他推广的公众号，十分方便。

找一篇你喜欢的新媒体文案，并分析其特点。

6.1.3 新媒体文案的常见载体

新媒体文案可以发表在众多平台上，比如今日头条、微信公众号、朋友圈、微博、QQ 空间、豆瓣和电子邮件等。无论发表在哪一个平台上，文案只要能够吸引受众的眼光，引发受众的阅读、评论和转载，就是一篇具有传播力和影响力的文案。新媒体文案的常见载体主要有以下几种。

1. 微信

微信的快速发展使其成为热门的网络营销和推广平台之一，也是新媒体文案的热门载体，很多企业都会建立一个自己的公众账号进行专门的营销与推广，这样积累的受众忠诚度和文案转换率都比较高。在微信平台中，文案人员可以通过微信公众账号和朋友圈进行内容的分享，但要保证文章内容的质量，这样才能吸引更多的粉丝进行关注并转发。

2. 电商平台

新媒体文案通常也会发布在电子商务交易平台上，如手机淘宝的“微淘”“淘宝头条”“必买清单”板块、京东商城的“发现”“京东快报”板块及小红书等，这些平台上的文案是平台内网店及品牌商家产品推广的一个大汇总，多为网店商家服务，主要以产品信息的介绍为主。

3. 微博

微博作为一个信息分享与交流平台，微博的使用人数众多，并且微博的传播更加具有时效性、随意性、广延性，无论在何时何地，都能发表所见、所感、所闻和所想。不管采用哪种方式写作文案，要想文案得到广泛传播，就要紧紧抓住网友的心理特征和需求，或结合时事热点，写出具有影响力的文章。比如，支付宝“锦鲤”，该微博一不小心就破了两项新纪录：不到六小时转发量破百万，周累计转发破 300

万，成为企业营销史上最快达成百万级转发量以及迄今为止总转发量最高的企业传播新案例。

4. 头条号

头条号是今日头条旗下的一个自媒体内容平台，其内容多为时事、生活、八卦等。相比于微信，它更类似于微博，是一个开放性的新媒体平台，却比微博更容易获得较高的流量，它会根据用户的订阅内容和阅读习惯为他们推荐相关内容。在这种资讯平台，用户会更多地关注内容而不是提供内容的作者，其文章的阅读量一般是取决于内容被推荐的次数而不是粉丝的数量，所以在这个平台很难形成用户沉淀，文案人员要更重视内容的质量。

◎专家指导

在某些自媒体平台注册账号时，会要求选择如时尚、汽车、体育类的领域，如果选择了时尚领域，文案人员发文时最好只发布与时尚相关的文章，而不是跨领域地发布历史、体育类的文章。

5. 社群

社群营销是现在很流行的一种营销模式，尤其在移动互联网快速发展之后，各大社群开始涉及移动阅读 app、电商、社交等不同的领域，移动社群开始兴起。常见的移动社群有 QQ 群、微信群，淘宝平台的店铺群、微博兴趣群等利用群成员的共同爱好而建立起来的交流群，在一定程度上也被称作社群。社群主要是通过群内成员之间的互动分享来调动成员的积极性，进行产品和品牌的营销变现。社群文案主要是通过优质的内容或话题来吸引受众，维系与成员之间的感情，或是以优惠活动及其他方式进行产品或品牌的宣传。

6. 论坛

论坛是网络营销推广的重要平台之一，如果把文案发布在帖子中，让受众感受到文案的吸引力，受众就会自愿评论和转发帖子，这样就容易达到一个非常好的传播营销效果。论坛中的文案与其他载体的文案有所不同，文案人员在发布完帖子后可以顶帖，如果帖子创意很好，再加上成功顶帖，就会成为热门帖子，文案的效果就会事半功倍。

6.1.4 新媒体文案的常见类型

1. 按文案目的，可分为销售文案和传播文案

企业的所有广告文案都是为销售服务的。但为了更好地区分文案

类型，可根据企业广告的主要目的分为销售文案和传播文案。销售文案是能够立刻带来销售的文案，能够立即打动人，并促使人立即行动，如商品销售页介绍商品信息的文案，为了提升销售而制作的引流广告图等。传播文案是为了达到扩大品牌影响力的文案，侧重于是否能够引起人的共鸣，引发受众自主自发传播，如企业形象广告、企业节假日情怀营销文案等。

2. 按篇幅长短，可分为长文案和短文案

按文案的篇幅长短，可分为长文案和短文案。长文案为1000字以上的文案，短文案则为少于1000字的文案。通常来说，长文案需构建强大的情感场景，在价格昂贵、顾客的决策成本较高的行业通常要运用长文案，如珠宝、汽车行业。而短文案则在于快速触动，表现核心信息，在价格较低、顾客决策成本较低的行业，则一般运用短文案，如打火机、杯子行业等。

3. 按广告植入方式，可分为软广告和硬广告

硬广告是以直白的内容发布在对应的渠道媒体上。一般的品牌传播广告需要高强度的品牌曝光次数及直接带动销售，企业会选择硬广告。软广告即不直接介绍商品、服务，而是通过其他的方式代入广告，如在案例分析中植入广告品牌、在故事情节中植入广告品牌。受众不容易直接觉察到软广告的存在，它具有隐藏性。企业在需要补充增加品牌曝光时则一般选择软广告。

4. 按文案的投放渠道的不同，可分为微信公众号软文、朋友圈营销文案、微博文案、app文案等

打开你的微信朋友圈，看看哪些内容是广告文案，统计一下你在朋友圈接触过几种类型的广告文案，说说它们分别是哪种类型的文案？

1. 观察身边的新媒体平台，分析其文案的特点。可以以一篇微信为例，从内容、传播以及互动性等特点作答。

2. 分析常见的新媒体文案类型，从表现形式、广告植入等对新媒体文案进行分类，熟悉各类型的写作。

6.2　新媒体营销软文写作

软文作为诸多行业中的一种营销利器，早在20世纪末21世纪初就呈现出辉煌巅峰的姿态。1999年，脑白金以其首创的新闻体软文广告完成了市场启动，积累了原始资金，成就了营销界的脑白金神话。软文营销热开始爆发，逐步出现许多专业的软文团队和写手。

当时史玉柱因巨人集团资金链断裂负债2亿元，就在世人以为他已经穷途末路的时候，他却凭借脑白金的一系列新闻软文《人类可以长生不老?》《两颗生物“原子弹”》对脑白金的概念进行重新包装。表面上看这是科普性的普通新闻，其实这是通过抓住受众渴望健康的心理和利用权威数据对脑白金重新定义，达到品牌及产品推广的目的。脑白金后期的《一天不大便 = 抽三包烟》《宇航员如何睡觉》《女子四十，是花还是豆腐渣?》等继续沿用健康科普的套路，并使用“恐吓”的语气给受众造成需要尽快解决该类问题的心理，凭借这一系列的软文营销，巨人集团达到了让受众主动购买脑白金产品的效果。脑白金保健品让史玉柱两年内赚了3亿元，软文营销的方式也自此正式进入了大众眼球。

◎专家指导
软文是生命力很强、也很有技巧性的广告形式，从本质上讲，它是企业软性渗透的商业策略在广告上的体现，能借助文字表达及传播促使受众认同其所想传达的某种观点，从而达到企业品牌宣传或产品销售的目的。

到2003年，软文进入平稳期，市场开始倒逼软文不断进行创新。直到今天，软文依旧充斥着我们的生活。

（1）软文是什么?

（2）脑白金保健品的软文营销为什么取得了成功?

（3）软文能不能适应现今市场营销的需要？为什么？

6.2.1　软文的概念

◎你会在睡前刷抖音、看微信吗？一般会用多长时间？你觉得这对你有什么影响？

软文是指通过媒体（传统媒体和新媒体）发布和推送的具有一定

隐蔽性的广告文案。软文是相对于硬性广告而言，由企业的市场策划人员或专业网络营销公司的文案人员来负责撰写的“文字广告”，是通过在报纸、杂志或网络等宣传载体上刊登的一种宣传性、阐释性文章，包括特定的新闻报道、案例分析等。

新媒体时代来临之后，软文凭借其“润物细无声”的营销效果迅速打开了网络营销市场，它借助语言文字的魅力，自然地植入广告，等到受众读完整篇文章之后，才发现自己落入了广告的陷阱。这种将宣传推广于无形之中的广告策略正是软文的厉害之处，对于不少商家、企业而言，软文已成为其营销制胜的法宝。

与硬广告相比，软文的精妙之处就在于一个“软”字，它追求的是一种春风化雨、润物无声的传播效果，它可以将宣传内容与产品内容完美结合，将营销目的与文字意境有效融合，让用户在津津有味的阅读中了解相关的产品信息，从而产生购买欲望。如果说普通的硬广告像打拳，简单粗暴，那么软文则像打太极，讲究藏而不露，以柔克刚。

6.2.2 软文的类型

1. 推广类软文

在文章中介绍产品或品牌，或者加入推广链接，这些文章都可以称为推广类软文。这类软文在营销推广中的作用非常明显，一旦被大量转载，其推广效果将非常显著。推广类软文通常有比较固定的形式，主要有以下几种：在文章中推荐网站或网页链接；在文章中直接推荐产品销售网店的网址；从搜索引擎优化的角度出发涉及关键词的网页文本；以电子邮件的形式投放的销售信函或海报；在平面媒体上直接介绍产品或品牌的相关知识。

2. 公众类软文

公众类软文是指企业或机构处理内外公共关系，以及向公众传递各类信息的软文，其主要的平台包括企业内部刊物、官方网站及其他社交平台等。这类软文的写作目的通常是处理企业与员工之间、企业与受众之间、企业与公众之间的关系，当企业有重要行动或发生重要事件时，通过发布公众类软文来协调相关的部门，从而保证企业的正常运行，保护企业的相关利益。公众类软文通常分为公关软文和新闻软文两种类型，公关软文的作用就是为企业或机构塑造良好的组织形象，为培养良好的公众关系而进行最接近事实的报道。

3. 品牌类软文

品牌类软文是用于建设并宣传品牌的软文，它可以由内部人员撰写，或由企业主导、找人代写，也可以是外部用户对产品的使用感受，还可以是从外部收录的文章。其主要目的是提高品牌知名度、联想度、美誉度和忠诚度，有助于塑造品牌形象、积累品牌资产。

6.2.3　新媒体时代的软文营销场所

进入新媒体时代后，软文从平面媒体更多地转向了网络媒体，依托网络进行传播的软文更能适应互联网经济时代的需要，实现产品或品牌的快速宣传与推广。常见的软文营销场所主要有以下几种。

1. 社交类媒体

这里的社交类媒体多指微博、微信、知乎、小红书等，属于现在热门的媒体平台，它们可以由个人管理，并不定期更新内容，用于优质内容的分享。例如，微博广告式、分享式、炒作式文案，微信公众号文章，知乎求助、推荐类主题下的问答内容等都属于软文或产生软文的场所。

2. 视讯类应用

资讯平台如搜狐新闻、网易新闻、天天快报、今日头条等，视频网站如爱奇艺、抖音、优酷、哔哩哔哩弹幕网中也常包含各种软文。这些网站由于本身内容就很吸引受众的关注，所以流量比较大，在这里发布软文，配合各种图文、视频和链接等，能取得非常好的营销效果。

3. 官方网站

官方网站是企业及品牌信息展示最全面的地方，其中能提升品牌影响力的软文必不可少，例如，品牌故事、品牌历史、品牌新闻动态等软文官网几乎都有。

4. 论坛

论坛是一种交互性很强、内容丰富而及时的互联网电子信息服务系统。每个人都能在上面发布看法，讨论聊天，发布信息的门槛与成本相对较低，不少企业都会利用论坛来进行软文营销，一般是自己写作或引用好的文章，有时还可加入网址或二维码等。

5. 网店

网店中的软文多为描述类软文，因为网店直接的目的是销售，所以只需要向读者说明两个问题，即产品的优势和购买的原因，主要是解决购买者信任度的问题。这些文字可以独立成篇，但要与图片配合在一起展现在淘宝页面中，销售力才会看得见。

◎专家指导
在博客中引用的软文，最好以转载的形式来操作。

6. 博客

博客中的软文可以从各个角度、以多种形式进行撰写，不用担心文章被删除和不能添加链接和图片等问题。虽然博客中软文的篇幅不受限制，但也建议不要太长，只要把想要表达的观点阐述透彻即可。

7. 电子邮件

电子邮件虽然风光不再，但也还是不少商家和企业喜欢的营销手段，常用来推送各类与产品或品牌相关的消息。

8. QQ 空间

QQ 空间具有方便转载且用户数量巨大的特点，它无疑是软文营销的重要阵地，尤其是某些平台对某些软文进行屏蔽的时候，通过 QQ 空间来进行软文营销的作用就更明显了。

9. 网络媒体

如人民网、凤凰网、四川新闻网等网络媒体中的软文在营销推广中的主要功能是为了引流和展现搜索的效果，其次才是解决品牌的信任度问题。最值得企业去探讨和研究实践的是，利用网络媒体软文营销与百度竞价相组合，如果运用得当能够独霸某些关键词的百度首页。所以，网络媒体适合用来传播营销软文。

（1）你认为不同营销场所的优缺点是什么？

（2）不同营销场所的软文写作有何特点？

6.2.4　软文的特点

软文是对受众进行针对性心理引导的一种文字形式，在编写相关文字内容时，文案人员应注意软文的以下特点。

1. 内容丰富，图文并茂

软文作为文案，软文的主体主要是文章内容，一篇优质软文离不开优质的文章内容。软文在内容方面应该做到条理清晰、层次分明、字句优美、层次分明。软文还配有的图片、动画等，相较于单纯的文字内容，图文并茂的文章会使得内容丰富多彩，简明易懂，引起读者的阅读兴趣。

2. 构思巧妙，创意非凡

软文的优点是信息量大、亲和力高，软文最重要的是“软”。如何做到润物无声地将宣传对象巧妙地与文章结合，让读者不仅能清楚地接收到作者的宣传意图，也能乐意去接受或者不反感，因此，软文要有巧妙的构思和非凡的创意。

3. 指向鲜明，能起到良好的宣传效果

在新媒体时代，软文写作是一种依托于信息技术而产生的新型文案写作，软文的创作者要以受众为基础，充分了解受众的社会地位以及具体需求，通过软文写作内容向受众传递某种信息，引起受众的注意力，取得受众的信任并能真正打动受众，使得受众产生强烈的宣传、推广欲望，进而写出打造品牌形象的目的性短文、爆文、软文，形成足够强的品牌调性，甚至要有足够强的可读性。

6.2.5　软文的写作要求

软文营销的成功与否，软文的写作是关键。很多时候，完成一篇软文比较简单，而要达到软文营销的效果却非常困难。那么要如何才能提高软文营销的效果呢？下面分别从软文的标题、话题、结构和广告融入四个方面介绍写作软文的要求。

1. 标题要有吸引力

同其他的新媒体文案一样，软文标题的确定十分重要。文章的标题就像汽车的标志，它代表着文章的核心内容，其好坏甚至直接会影响软文营销的成败。即使软文内容丰富精彩，如果没有一个具有足够吸引力的标题可能也无法吸引更多人的阅读。所以，在创作软文前，一定要赋予文章一个富有诱惑性、震撼力或神秘感的标题。拟写有吸引力的标题需要注意的是，标题虽然要有诱惑力，但是切忌变成标题党（在网络媒体中制作夸张、引人注目的标题来吸引受众的注意力，以达到增加点击量或提高知名度的目的），如“吃饭还能免费送话费，朋友圈都转疯了”，让受众以为文章是纯粹的广告帖或谣言帖，这样取标题的行为应该杜绝。

2. 抓住时事热点和流行词

奥运会期间，很多的赛事及结果都备受人们关注，各大网站、报纸就会刊登有关的新闻报道，在搜索引擎中其搜索量也会增加，所以在软文营销中抓住时事热点，就容易达到营销的效果。时事热点是那些具有时效性、最新鲜、最热门的新闻，如当时的“国足 1:0 胜韩国”“鹿晗公布恋情”的事件，《战狼 2》《寻梦环游记》《头号玩家》等电影的热播等，就被不少品牌用作软文写作的题材。

流行词也一样，如某段时间较多人使用的“请开始你的表演”“打call”“比心”“你的良心不会痛吗”“戏精”“你咋不上天呢”“佛系”等，都能够贴近受众的生活，引起受众的关注。

3. 结构清晰

高质量的软文排版应该是严谨而有条不紊的，一篇排版整洁、版式优美的文章，不但会给受众带来良好的阅读观感，让其觉得软文结构明朗、思路清晰，还会给人一种权威的感觉。所以，为了达到软文营销的目的，一定要仔细检查文章的排版，做到最基本的上下连贯，最好为每一段话题标注一个小标题，突出文章的重点，或是巧用字体、字号、图片或其他显眼的标识将其与周围的内容隔开，使受众能够一目了然。另外，在文章措辞上，如果是需要说服他人的，最好加入类似于“根据数据统计”“根据专家建议”的言语，以提高文章的可信度。

4. 自然融入

广告内容软文就是软广告，软文营销最难操作的部分就是如何把广告的内容自然地融入文章中，而又不引起受众的反感。一篇成功的软文是要让受众在读过之后，没有感受到广告的味道，还能够受益匪浅，认为软文为他提供了不少帮助，这一点非常重要。在这个过程中，文案人员要注意融入广告并不是最后才操作的步骤，相反，要在写软文之前就要想好广告的内容和目的，才能做好软文的自然融入。

在自然融入的软文案例中，如果文案人员的软文写作能力不是很强，写作技巧也不是很高超，就要记住软文的广告不要放在最后，因为文章内容如果不够吸引人，受众可能没有读到最后就已经关闭了网页。最好把宣传的内容巧妙地融入正文中，让受众被开头的内容吸引之后就能够被带进宣传的环境。

（1）如何写作一篇推广类软文，谈谈你的创作思路。从二维码、超链接、小程序等工具的运用及引入推广的角度来思考。

（2）如果让你写作一篇软文，这篇文章应该满足哪些要求？从标题、话题、结构、广告的融入等方面作答。

6.3　新媒体文案创意写作

新媒体文案的内容输出需要有创意的思考，掌握文案的创意输出策略可以将产品或品牌的卖点、创意和精神理念结合在一起，并进行清晰的呈现，再将产品或品牌融入或转化为文案，最终创作出一篇优秀的创意作品。

针对下列问题展开讨论：

(1) 新媒体文案是否就是文案创意的竞争?

(2) 有哪些文案创意的输出方法?

(3) 新媒体文案人员在进行思考文案创意时，常会采用什么思维进行各种联想?

互联网时代信息高速传播，很多新媒体文案甚至不能逃过受众大脑潜意识的筛选，也进入不了他们的视野。其原因不是文案内容平淡、缺乏说服力，就是文案看过就忘、不能让人有眼前一亮的感觉，归根结底就是文案缺乏创意。本节主要介绍九宫格思考法、头脑风暴法、元素组合法、多维度发散创意法、金字塔式结构法等创意策略，通过这些途径来帮助文案人员进行文案内容的创意呈现。

6.3.1 新媒体文案创意方法

1. 九宫格思考法

九宫格思考法是强迫创意产生的简单练习法，九宫格图有助于人的思维扩散，很多人常用这种方法来构思文案、策划方案等。九宫格思考法的操作步骤如下。

第一步：拿一张白纸，先画一个正方形，然后用笔将其分割成九宫格，再将主题（产品名等）写在正中间的格子内。

第二步：将与主题相关的，可帮助此商品销售的众多优点写在旁边的8个格子内，尽量用直觉思考。

第三步：反复思考、自我辩证，查看这些点是否必要、明确，内容是否有重合，据此进行修改，一直修改到满意为止。若是对产品的想法有很多或是某个点还可以延伸，一张不够用，可多填几张，再去粗取精即可。

九宫格的填写方法有两种，一种是以中央为起点，顺时针填写，将要点按自己想到的顺序填写进去，这可以了解文案人员对该产品的熟悉程度；另一种是随意填写，有助于文案人员充分地发散思维，增加灵感。

另外，还要注意的是，在写作新媒体文案时，并不是要将产品的所有优点都指出来，而是只强化部分功能或其中一个功能，通过核心卖点让受众记住文案。同时，在文案写作中，对受众记忆点的使用要因地制宜。例如，在海报文案或推广活动文案中，受众记忆点最多不超过3个，所以介绍重点功能即可。但是在电商详情页文案和软文上则不一样，文案中应尽可能多地展示出该产品的重点优势。

2. 头脑风暴法

在新媒体文案的创意构思中，文案人员常使用头脑风暴法，是现代创造学奠基人美国学者阿历克斯·奥斯提出的一种创造能力的集体训练法，它鼓励人们打破常规思维去无拘束地思考问题，从而在短时间内产生大量的灵感，甚至取得意想不到的收获。下面对几种常用的头脑风暴思考问题的方法进行介绍。

（1）围绕主题确定关键字。在展开头脑风暴时，最先做的应该是审查文案的主题，确认文案的关键字，关键字必须限定在主题的范围以内，可根据文案描述主题的不同思考方向和相对应的不同特点，罗列出相应的关键字，这样可产生较多可供选择的点。例如，对同一个特点不同方向的关键词进行搭配，对不同方向同一特点的关键词进行搭配，以及对不同特点不同方向的关键词进行组合搭配等。再对搭配出来的关键词进行画面联想，甚至可以用笔在白纸上将它勾勒出来，表达对这些内容的想法。在这个过程中产生的关键词联想会为文案人员带来不同的灵感与想法。

（2）选择文案风格。风格多种多样，包括有趣的、温馨的、情怀的、文艺的、无厘头的、奢华的、平实的、高端的等，大多数时候，文案的风格取决于所要描述的产品类型与品牌定位，例如，宜家作为一个家具品牌，其文案就通过温情清新的风格来展示自己的家居设计，突出家的温馨氛围，潜移默化地表达“要过有质量的生活就要选择宜家家居”的思想。再如锤子手机，其文案风格走情怀路线，用充满情怀的文字去打动那些拥有这些情绪的受众，让人念念不忘。

(3) 加深对主题的理解。可采用 5W1H 的思考方法，即 what、who、where、why、when、how，分别表示该事物是什么、使用的主体是谁、在哪里使用、为什么消费者会选择使用它、什么时间点使用较多、使用效果如何。当文案人员思考完这些问题并给出答案后，就说明对这篇文案已经有了比较明确的想法，至少抓住了文案的主题思想。

(4) 换位场景搭建。文案人员可以进行换位场景搭建，就是在推出一款产品时，想象如果是自己，是否会理解、欣赏这样的文案，或是站在第三方立场去思考还有哪些可供改进的地方。把自己当成用户进行使用场景搭建，最好将其表述为生活中人们所了解的现象，促进消费者对商品的理解。例如，香飘飘的奶茶文案“杯子连起来可绕地球两圈”，对此人们可以进行实物联想，对香飘飘奶茶的销量形成深刻的认识。

(5) 通过外部信息进一步确认文案的可行性。在文案写作过程中可从微博热搜排行榜、热门微信等外界途径获取关键词和灵感素材；也可参考以往的案例，从中寻找异同点，判断是哪些因素造成它们的成功或失败，汲取经验；还可结合时下热点，将其与产品结合；也可以搜索同行业的优秀文案，参考和模仿其风格。结合以上知识，完成初稿，给身边熟悉的第三方观看，看其是否感受到文案所要传达的主题，能否抓到产品的亮点与卖点，文案对其是否具有足够的吸引力，如果效果不好，再根据建议进行修改。通过这些外部参考因素，进一步提高文案的成功率。

3. 元素组合法

很多时候，一件产品的诞生来源于不同的元素组合，如“耳机 + 录音机”就变成了随身听，“无头的铅笔 + 橡皮”就成了现在最常见的铅笔。这样一点看似微小的创意，实则为产品带来了不可估量的价值。如果在新媒体文案的写作过程中，文案人员善用元素组合法，那么将会为文案提供不少新鲜的主意。

Facebook，又叫作“脸书”，是国外的一个著名社交网站，类似于中国的新浪微博，在全球拥有数亿用户。在当今人们利用社交网络将网上的人脸当作一本本书，花费大量时间沉浸其中时，纸媒也随之没落，Facebook 似乎也成了纸书阅读的一大阻碍。它以自己的网站名内容，发布了一篇内容为“faceabook”的文案，瞬间引起了很多网友对阅读现状的思考和阅读的好感。它的网站名是单词组成，其在“face”和“book”中间加了单词元素“a”，使这句话变得完全不一样，意思就成了：脱网片刻，读（面对）一本真正的书。简单的元素组合，让文案具有了非凡的创意。

4. 多维度发散创意法

多维度发散创意法是对文案创作过程中四种思维模式的总结，运用这几种思维方式，文案人员可以从多角度对文案的创意进行思考与想象。

（1）横向思维：是一种不受任何范畴限制，以偶然性概念来逃离或打破逻辑思维，从而创造出新想法、新观点、新事物的创造性思维方式。其最大的特点是打乱原来明显的思维顺序，从另一个角度寻求新的解决办法。它是一种可以从起点返回终点式的思考，例如，售卖一款护肤产品，它并不是直接从产品详情和流程出发来依次罗列信息，而是从受众想得到的使用效果、受众的需求、怎样才能得到受众的认同这样的终点出发，再回过头来确认产品信息的呈现方式，这样的思考角度更容易让文案受到受众的欢迎。换位思考是横向思维的常见表现形式。一千个人眼里有一千个哈姆雷特，每个人都有自己的想法及思考角度，而换位思考，能让一个人变成另一个人，拥有不同的、新鲜的视角，从而更容易让人忽略约定俗成的规矩，从另一条路出发，推陈出新。

（2）逆向思维：也叫求异思维，它是对人们几乎已有定论或已有某种思考习惯的事物或观点进行反向思考的一种思维方式。其特点是反其道而思之，即让思维向对立的方向发展，从问题的相反面进行摸索，找出新创意与新想法。现在的新媒体文案和广告很多，如果文案大致相似，就很难给受众留下印象，这就要求文案人员突破常规，提出不同的诉求点或展示角度，使文案出奇制胜。说反语就是一种独特的逆向思维，陌陌《就这样活着吧》的文案就是正话反说，让人们“不要探索新世界”“不要追求改变”，相比直接正面地要求，反而更容易激起受众的思考，给受众留下深刻印象。

（3）发散思维：又称扩散思维、辐射思维，是指在创造和解决问题的思考过程中，从已有的信息出发，不受已知的或现存的方法、规则和范畴的约束，尽可能向各个方向扩展，以求得多种不同的解决办法或衍生出各种不同的新设想、新答案的思维方式。例如，售卖一款炫彩小灯，可以从放灯的载体八宝瓶思考，也可以从产品的多场景使用的角度来编写一个与产品有关的感人故事，或是从节日着手打感情牌等，这些都是运用发散思维的切入角度。

（4）辐合思维：又称为求同思维和聚合思维，是指从已知信息中产生逻辑结论，从现有资料中寻求正确答案的一种有方向、有条理的思维方式。它与发散思维正好相反，是一种异中求同、由外向里的思维方式。辐合思维就是在众多的信息里找出关键点，然后对症下药。对核心卖点的提炼就是辐合思维的体现。

5. 金字塔式结构法

一般来说，新媒体文案人员在进行文案创意思考时，常会采用发散性思维进行各种联想。但是人们在进行发散性联想时，思维总是散乱而缺乏逻辑性，这时就需要文案人员对创意进行梳理，让文案逻辑清楚、条理明晰。

金字塔原理是对写作思想的逻辑阐述，它既是一个纵向的关系，也是一个横向的关系，或是从上往下的结构层次关系，也可以说是论点与论据之间的关系。一个论点由几个论据支撑，论据下还可有支撑它的多个论据，就这样一步步形成一个金字塔结构，这样的结构有利于文案人员快速明白并找准文案的主题和中心论点。每一篇新媒体文案都有其独特的主题，且每篇文案都是围绕主题展开的，针对这一主题，确立论点，论点下又有论据，如此进行层层支持，使观点有理有据、牢不可破。

运用金字塔原理构建的文案主题基本就是该文案最大的卖点，通过金字塔原理结构图，梳理能体现其卖点的各论点，再列出支撑各论点的论据，结构明朗清晰。该结构运用在新媒体文案中时表现为：若是短文案，结构就为总分关系；若是长文案，则为总分总关系，即在结尾比短文案多了一个对卖点的总结与强调，以加强目标人群的记忆。金字塔结构的纵向联系是一种回答式或疑问式结构，它能够很好地吸引读者的注意力，使读者带着极大的兴趣了解该思维的发展过程，并能迫使读者按照其展示的思想做出符合逻辑的思考。横向关系则以演绎推理和归纳推理的方式回答读者的问题，使下一层的表述能够回答在上一个结构层次中表述所引起的疑问，通过这样的逻辑关系使组成金字塔的主题思想更容易被受众理解。

请运用所学的创意策略撰写一篇新媒体文案。

参考文献

［1］石磊．新媒体概论［M］．北京：中国传媒出版社，2009.

［2］尹章池．新媒体概论［M］．北京：北京大学出版社，2017.

［3］孟伟，等．理解新媒体［M］．北京：中国广播影视出版社，2018.

［4］程栋．智能时代新媒体概论［M］．北京：清华大学出版社，2019.

［5］李淮芝．新媒体概论［M］．西安：西安交通大学出版社，2015.

［6］郭栋．网络与新媒体概论［M］．西安：陕西师范大学出版社，2018.

［7］林刚．新媒体概论　第2版［M］．北京：中国传媒大学出版社，2021.

［8］乔付军，王虹垒，程淦．新媒体概论［M］．北京：人民邮电出版社，2020.

［9］张云青，隋东旭．新媒体概论［M］．上海：同济大学出版社，2020.

［10］叶小鱼，勾俊伟编著；秋叶主编．新媒体文案创作与传播（互联网＋新媒体营销规划丛书）［M］．北京：人民邮电出版社，2017.

［11］秋叶丛书主编；张向南，勾俊伟编著．新媒体运营实战技能［M］．北京：人民邮电出版社，2017.

［12］谭贤．新媒体运营实战从入门到精通［M］．北京：中国铁道出版社，2019.

［13］秋叶丛书主编；勾俊伟编著．新媒体运营产品运营＋内容运营＋用户运营＋活动运营［M］．北京：人民邮电出版社，2018.

［14］木木老贼．新媒体文案编写与运营实战［M］．北京：清华大学出版社，2020.

［15］秋叶，邻三月，秦阳．社群营销实战手册从社群运营到社群经济［M］．北京：人民邮电出版社，2018.

［16］智军．社群运营［M］．北京：机械工业出版社，2015.

［17］姚广辉．企业社群运营攻略策略技巧·实战工具·案例剖析［M］．北京：人民邮电出版社，2020.

［18］海天电商金融研究中心．玩转O2O：商业分析＋运营推广＋营销技巧＋实战案

例［M］. 北京：清华大学出版社，2016.

［19］方建华. 企业微信实战解密：营销、运营与微信电商 O2O［M］. 北京：机械工业出版社，2014.

［20］孙健. 微信营销与运营：公众号、微商与自媒体实战揭秘［M］. 北京：电子工业出版社，2015.

［21］庐七. 微信公众号运营：实战方法、案例与技巧［M］. 北京：电子工业出版社，2017.

［22］龙飞，等. 新媒体运营一册通［M］. 北京：电子工业出版社，2020.

［23］陈晶. 自媒体 2.0：网络直播“星”力量［M］. 北京：清华大学出版社，2018.

［24］段永良，等. 全媒体制播技术［M］. 北京：中国广播影视出版社，2016.

［25］骆芳，秦云霞. 新媒体文案策划与写作：从入门到精通（微课版）［M］. 北京：人民邮电出版社，2019.

［26］李东临. 新媒体运营（互联网 + 新媒体营销规划丛书）［M］. 天津：天津科学技术出版社，2018.

［27］哈默. 新媒体写作平台策划与运营［M］. 北京：人民邮电出版社，2017.

［28］刘毅. 网络舆情研究概论［M］. 天津：天津人民出版社，2007.

［29］徐伟新. 国家与政府的危机管理［M］. 南昌：江西人民出版社，2003.

［30］王来华. 舆情研究概论：理论、方法和现实热点［M］. 天津：天津社会科学院出版社，2003.

［31］刘品新. 网络法学［M］. 北京：中国人民大学出版社，2009.